10대를 위한,
긍정의 한 줄

# 10대를 위한,
# 긍정의 한 줄

**초판 1쇄 인쇄** 2023년 02월 20일
**초판 1쇄 발행** 2023년 02월 25일

**지은이** 김옥림
**펴낸이** 이태선
**펴낸곳** 창작시대사

**주소** 경기 고양시 일산동구 장백로 20 굿모닝힐 102동 905호
**전화** 031-978-5355
**팩스** 031-973-5385
**이메일** changzak@naver.com
**등록번호** 제2-1150호 (1991년 4월 9일)

ISBN 978-89-7447-271-9   43190

# 10대를 위한
# 긍정의 한줄

김옥림 지음

창작시대사

# 한 문장이
# 평생을 결정한다

"우리들의 중요한 임무는 희미한 것을 보는 것이 아니라, 가까이 있는 분명한 것을 실천하는 것이다."

이는 영국의 사상가인 토머스 칼라일의 '글'로 실천의 중요성을 잘 알게 합니다. 이 한 문장이 평범한 한 사람의 인생을 위대하게 만들었습니다. 그 사람은 세계 최고 의과대학인 미국 존스 홉킨스 대학교를 설립한 윌리엄 오슬러입니다.

윌리엄 오슬러는 평범한 의대생이었습니다. 그는 공부를 하면서도 학교를 마치면 의사로서 잘 살아갈 수 있을까, 하는 생각을 하며 무덤덤하게 하루하루를 보냈습니다.

그러던 어느 날 윌리엄 오슬러는 우연히 토머스 칼라일의 한 줄의 문장을 접하고는 가슴이 뜨거워지는 것을 경험하였습니다. 그날 이후 그의 삶은 완전히 변화하였습니다. 그는 지금껏 살아왔던 것과는 달리 하루를 일주일처럼 값지게 살았습니다. 그 결과 그는 자신을 최고의 인생으로 만들었습니다.

윌리엄 오슬러를 변화시키게 한 토머스 칼라일의 글처럼 한 문장은 한 사람의 삶을 결정지을 만큼 아주 소중합니다. 꿈을 주고, 용기를 주고, 희망을 주는 글속엔 긍정의 에너지가 가득 넘쳐나니까요. 그래서 좋은 글을 읽는다는 것은 자신의 영혼을 살찌우는 것과 같습니다. 그런 까닭에 좋은 책, 좋은 글을 많이 읽어야 합니다. 특히, 인생을 성공적으로 살았던 위인들의 '명언'은 그 어떤 말이나 글보다도 가치가 크답니다. 그들의 말과 글은 자신들의 경험에서 우러난 보석 같은 말과 문장이기 때문이지요. 그렇습니다. 참 좋은 한 마디 말과 한 줄의 문장은 세상을 바꾸고 수많은 사람들의 삶을 바꿀 만큼 강력한 힘이 있습니다.

이 책은 한창 꿈을 키우고 미래를 향해 나아가는 10대들에게 가치 있는 삶은 무엇이며, 어떻게 사는 것이 자신을 위하고, 사회와 국가를 위한 최선의 삶인지를 잘 알게 할 것입니다.

대한민국 우리의 10대들 모두에게 꿈과 행복이 함께 하길 응원합니다.

김옥림

Contents

Part 01

# 몸과 마음을
# 맑고 바르게 하라

# 내 마음 살피기

항상 내 마음을 경계하라.
그리고 내 행동을 살펴라.
아껴 쓰지 않으면 집이 망하고,
청렴하지 못하면 자리를 잃는다.
_ 회남자

❋

자신에 대해 늘 살피는 자세를 가져야 합니다. 그래서 잘 한 일은 더 잘 하도록 하고, 잘못한 일은 즉시 고쳐야 해요. 그래야 자신을 잘 가꾸게 됨으로써 좋은 성품을 갖출 수 있답니다.

자신을 잘 가꾸기 위해서는 어떻게 해야 할까요.

첫째, 하루에 한번 씩 그 날 잘한 일과 잘못한 일을 살펴보는 시간을 가져야 합니다. 그리고 그에 맞게 마음을 대처해야 합니다.

둘째, 무슨 일에서든 원칙을 지키도록 해야 합니다. 그래야 느슨해지는 몸과 마음을 바르게 할 수 있으니까요.

셋째, 항상 바르게 생각하고, 바르게 행동해야 합니다. 이런 자세는 누구에게든 신뢰를 받게 하지요.

넷째, 절약정신을 길러야 합니다. 절약정신은 자제력을 기르는데 참 좋은 방법이지요. 자제력이 좋아야 실수를 막을 수 있습니다.

다섯째, 자신에게 엄격하고 남에게는 관대해야합니다. 이런 자세는 자신을 바르게 하고, 남에게는 너그러운 사람으로 인정받게 하지요.

이 다섯 가지를 꾸준하게 실천한다면 누구에게나 인정받는 사람으로 거듭남으로써 자신을 행복하게 한답니다.

❋ 하루에 한 번은 마음을 살피는 자정의 시간을 가지세요. 마음이 맑으면 몸도 반듯해지지요. 몸과 마음이 반듯하면 어딜 가든 좋은 이미지를 심어줌으로써 사람들에게 자신을 신뢰 받게 한답니다.

# 게으름을 경계하기

게으른 자는 장침도 단침도 없는 시계다.
그래서 일을 해도
멈춰 있는 것과 같이 도움이 되지 않는다.
_ 윌리엄 쿠퍼

✱

어떤 사람이 있습니다. 그는 아버지로부터 5층짜리 빌딩과 집과 10억이
넘는 현금을 상속받았습니다. 아버지는 그에게 절대 게으르지 말 것과 요
행을 좇는 일을 삼가라고 신신당부하였지요. 그러나 그는 아버지의 당부
를 귓등으로 흘리고 말았습니다.

그는 다니던 직장도 그만두고 골프를 치러 다니며 자신을 과시하였지
요. 그러던 중 행실이 좋지 못한 사람들과 어울려 카지노를 들락거렸습니
다. 처음 가본 카지노는 그의 마음을 흔들어놓았지요. 그는 그 날 이후 툭
하면 카지노를 갔습니다. 그는 카지노에 흠뻑 빠졌습니다. 그러는 동안
가지고 있던 10억을 다 날리고 말았습니다. 그는 잃은 돈을 찾기 위해 빌
딩을 담보로 대출받았는데 그 돈도 다 잃고 말았지요. 하지만 그는 멈추
지 않고 빌딩을 팔았습니다. 그 돈으로 또 다시 카지노로 갔습니다. 오래
지 않아 그 돈도 다 잃고 말았지요. 그리고 마지막 남은 집까지도 날리고
말았습니다.

그는 후회했지만 이미 물은 엎질러 진 뒤였습니다. 아버지가 물려준 돈
으로 허랑방탕하며 게으름을 피우던 그는 알거지가 되었고 남의 밑에서
일하는 처량한 신세가 되고 말았습니다.

게으름은 몸과 마음을 뒤처지게 하고 심하면 삶을 병들게 하지요. 그래
서 게으른 사람이 잘 되는 일은 없습니다. 자신이 꿈을 이루고 행복하게
살고 싶다면 게으름을 경계하세요. 게으름은 삶을 망치는 죄악과도 같답
니다.

✲ 게으름은 반드시 고쳐야 할 나쁜 습관이자 꿈을 가로막는 적입니다. 그래서 부지런한 부자는
있어도 게으른 부자는 없는 법입니다. 늘 게으름을 경계하기 바랍니다.

# 근면 하라

나의 성공은 단순히 근면함에 있었다.
나는 일생 동안 한 조각의 빵도
결코 앉아서 먹은 일이 없었다.
_ 대니얼 웹스터

'근면'한 사람은 망하는 법이 없습니다. 근면한 사람이 누구에게나 인정받는 것은 성실하고 부지런하기 때문이지요. 하지만 게으른 사람은 누구에게나 외면을 받고 손가락질을 받습니다. 그래서 게으른 거지는 있지만, 근면한 거지는 없는 법이지요.

백화점의 왕이라고 불리었던 존 워너메이커는 근면과 성실의 대명사입니다. 그는 평범한 직원에서 백화점 CEO로 성공한 입지전적인 인물로 존경받습니다. 그가 성공한 가장 큰 이유는 근면과 성실에 있습니다. 그는 다른 직원들과 달리 어떻게 하면 고객들에게 더 나은 서비스를 제공할 수 있을지를 연구하였지요. 그는 '친절'한 서비스야 말로 고객을 만족하게 한다는 생각에 언제나 친절하게 고객들에게 서비스를 제공하였습니다. 그의 친절은 고객들에게 큰 감동을 주었고, 고객들의 칭찬이 자자했습니다. 그러자 회사에서는 그를 매니저로 승진시켰지요. 그가 맡은 판매부서는 매출이 급성장을 이루었습니다. 그는 공을 인정받아 승진을 거듭한 끝에 백화점 사장이 되었습니다. 이후 그는 성공신화를 쓰며 미국의 전설적인 인물이 되었지요.

자신의 꿈을 이루고 싶다면 근면해야 합니다. 동서고금을 막론하고 꿈을 이룬 사람들은 하나같이 근면했다는 것이 그것을 잘 말해주지요. 근면한 사람은 자신의 일에 최선을 다하는 까닭입니다.

❋ '근면'은 인간이 기본적으로 갖춰야 할 마인드입니다. 공부에 있어서든, 일에 있어서든 그것이 무엇이든 간에 근면해야 좋은 결과를 낳는 법이지요. 근면을 습관화 하는 10대가 되기 바랍니다.

# 거짓말쟁이의 비극

거짓말쟁이가 받는 가장 큰 형벌은
그가 다른 사람으로부터 신임을 받지 못한다는 것보다
그 자신이 아무도
믿지 못한다는 슬픔에 빠지는데 있다.
_ 조지 버나드 쇼

✿

'양치기 소년' 이야기는 거짓말이 얼마나 무익유해한 것인지를 잘 알게
합니다. 양치기 소년이 심심하고 지루함을 달래려고 꾸민 것이지만 그 대
가는 실로 컸지요. 사람들은 한 두 번은 속지만 계속해서 속지 않지요. 그
것을 양치기 소년이 몰랐던 것입니다.

지금 우리 사회는 거짓말한 사람들로 연일 시끄럽습니다. 자신이 한 일
도 안했다고 우기다 들통이 나서 패가망신하는 사람들이 한 둘이 아닙니
다. 심지어는 대통령까지 한 사람이 불법으로 은닉한 비자금에 대해 묻는
기자들에게 자신은 한 푼도 가진 게 없다고 발뺌하다, 형사처벌을 단행한
다는 말에 기겁을 하고는 검은 돈을 내 놓겠다고 하여 국민들로부터 비난
을 받았습니다.

자신에게 불리하면 아무 생각 없이 툭 던지는 거짓말이 얼마나 자신을
못난 사람으로 만드는지를 잘 모르는 것 같습니다. 그래놓고 어떻게 고개
를 들고 길을 가며 사람들을 대할 수 있을까요. 거짓말은 도덕적으로나
윤리적으로 볼 때 하등에 가치가 없는 쓰레기와 같습니다.

거짓말도 자주하면 습관이 되지요. 그렇게 되면 어느 누구도 그 사람 말
을 믿지 않습니다. 거짓말을 할 만큼 떳떳하지 못한 일도 솔직하게 말하
고 용서를 구해야합니다. 솔직한 사람에겐 관대한 것이 인간의 보편적인
심성이니까요

✽ 거짓말은 스스로를 비인격적인 사람으로 전락시키는 추악한 짓입니다. 그런 까닭에 거짓말을
하는 사람은 누구에게나 외면을 당합니다. 거짓말은 백해무익한 것이니까요.

# 베토벤의 말

서둘러라,
세상에는 할 일이 너무 많다.
_ 루드비히 반 베토벤

✱

고전주의 음악의 완성자라고 부르는 음악의 악성 베토벤은 인생의 승리를 온 몸으로 쓴 사람이지요. 그는 가난한 집안으로 인해 10대 시절부터 소년 가장으로 살아야 했습니다. 그에겐 부양해야할 동생들이 있었습니다. 10대 소년에게는 매우 벅찬 일이었지만 그는 자신의 일에 소홀히 하지 않았지요.

베토벤은 타고난 천재였지만 연습을 게을리하는 법이 없었습니다. 타고난 재능에 피나는 노력으로 그의 실력은 일취월장하였지요. 그의 음악은 왕은 물론 귀족들의 가슴을 깊은 감동으로 이끌었습니다. 그의 명성은 날로 높아만 갔지요.

그러나 불행하게도 그만 청각을 잃고 말았습니다. 음악가가 청각을 잃는다는 것은 목숨을 잃는 것과 같습니다. 슬픔에 잠긴 베토벤은 죽음을 생각했습니다. 하지만 그는 죽음 대신 끝까지 음악을 선택했지요. 베토벤은 귀로 듣지 못하는 것을 마음으로 듣기로 했던 것입니다. 그는 자연에서, 사람들의 몸짓을 보며 음악에 대한 구상을 떠올렸지요. 마음으로 듣는 음악적 영감은 귀로 들을 수 없는 새로움이었습니다. 그는 영감이 떠오르면 즉시 악보로 옮겼습니다. 그렇게 작곡한 곡은 그의 명성을 온 세계에 떨치게 했습니다. 특히, 〈제9 교향곡〉, 〈월광소나타〉 등은 불후의 명곡으로 꼽히지요.

베토벤은 자신의 말처럼 세상엔 자신이 해야 할 일이 많음을 알았던 것입니다. 그랬기에 그는 최악의 상황에서도 멈추지 않고 최고의 음악가가 될 수 있었습니다.

✱ 시간은 사람을 기다려주지 않습니다. 시간은 앞으로만 가는 에고이스트(고집쟁이)이니까요. 시간과 좋은 친구가 되세요. 그러면 자신이 하는 일에 좋은 성과가 있게 된답니다.

# 불가능을 믿지 않기

이런 일은
도저히 불가능하다고
자신이 믿고 시작하는 것은
자기 자신을 불가능하게 만드는 수단이다.
_ 존 워너메이커

❋

꿈을 이루는 사람과 꿈을 이루지 못하는 사람의 가장 큰 차이는 어려운 일이 닥쳤을 때 대처하는 자세에 달렸지요. 꿈을 이루는 사람은 '이런 것쯤은 충분히 이겨낼 수 있어'라고 생각하며 극복하려는 의지를 불태우지요. 그리고 마침내 극복하고 꿈을 완성시킨답니다.

그러나 꿈을 이루지 못하는 사람은 '내가 이것을 어떻게 이겨낼 수 있어. 난 도저히 못하겠어.'라고 생각하며 스스로 의지를 꺾어버리지요. 그러니 어떻게 꿈을 이룰 수 있단 말인가요.

꿈을 이루기 위해서는 '불가능은 없다'고 믿어야 합니다.

나폴레옹이 위대한 영웅으로 추앙받는 것은 불가능을 믿지 않았다는 데 있습니다. 그는 최악의 순간에도 할 수 있다고 믿었고, 수많은 전투에서 승리를 이끌어내며 황제의 자리에 올랐습니다.

영국군의 침략으로 프랑스가 위험에 처했을 때 잔다르크라는 소녀가 떨치고 일어나 프랑스를 구해냈습니다. 그녀가 그렇게 할 수 있었던 힘은 무엇일까요. 그 역시 불가능을 믿지 않는 믿음이었습니다. 이처럼 불가능을 믿지 않으면 큰 힘을 발휘하게 되지요.

나에게 불가능은 없다고 늘 자신에게 말을 거세요. 그러면 어떤 상황에서도 능히 그 일을 해낼 수 있습니다.

❋ 불가능을 믿지 마세요. 그것을 믿는 순간 패배자가 되니까요. 모든 성공은 불가능을 믿지 않고 최선을 다한 끝에 꽃 피운 기쁨의 열매랍니다.

# 속이 꽉 찬 사람

단지 하나에 들어간
한 개의 동전은 시끄럽게 소리를 내지만
동전이 가득한 단지는 조용하다.
_ 탈무드

❋

'빈 수레가 요란하다'는 말이 있습니다. 즉 내면이 알차지 못한 사람이 경거망동함을 뜻하는 말이지요.

실력이 있는 사람은 속이 꽉 찬 배추와 같아 틈을 보이지 않습니다. 그래서 이런 사람은 함부로 낮춰보지 않지요. 어딜 가든 사람들에게 인정받고 잘 삽니다. 하지만 실력이 없는 사람은 자신의 허점을 감추려고 마구 떠들어대지요. 그래서 이런 사람은 어딜 가든 환영받지 못하지요.

속이 꽉 찬 사람이 되기 위해서는 어떻게 해야 할까요.

첫째, 실력을 기르되 다양한 지식을 갖춰야 합니다. 다양한 지식은 품격을 높여주니까요.

둘째, 예의를 갖춰야 합니다. 예의가 바른 사람은 남이 얕보지 않습니다.

셋째, 해도 될 말, 안 될 말을 가려서 해야 합니다. 말이 신중치 못하면 신뢰를 받지 못하니까요.

넷째, 행동을 진중하게 해야 합니다. 경거망동은 자신의 위신을 깎아버리니까요.

다섯째, 날마다 자신을 돌아보는 시간을 가져야 합니다. 자신의 내면을 살피는 자세는 자신을 바른 사람으로 이끌지요.

속이 꽉 찬 사람이 되기 위해서는 앞에서 제시한 다섯 가지 비결을 실천해야합니다. 꾸준히 실천하다보면 속이 꽉 찬 사람이 되어 누구에게나 신뢰받는 진정성이 넘치는 사람이 될 수 있답니다.

❋ 내면이 알찬 사람은 뿌리 깊은 나무와 같아 어떤 일에도 흔들리지 않습니다. 그래서 이런 사람은 사람들에게 믿음을 줌으로써 존중받지요. 내면이 알찬 사람이 되기 바랍니다.

# 희망의 태양

어떤 불행이 닥쳐도 우리들의 희망의 태양을 마음에서 버리면 안 된다.
항상 낙천적일 것, 즉 운명을 즐겨라. 그것이 우리를 행복으로 인도해 줄 신앙이다.
오늘을 훌륭히 살아가는 것이 내일의 희망을 찾아내는 일이며,
내일의 희망이 있어야 우리는 밝게 살아갈 수 있다.
현재를 한탄하고 슬퍼하는 것은 결국 불행을 초래한다.

_헬렌 켈러

❋

헬렌 켈러는 정상적으로 태어났지만 심한 열병을 앓는 바람에 시력과 청각을 잃었습니다. 또 그로 인해 말도 할 수 없었지요. 하지만 그녀는 가정교사인 설리번의 희생적인 사랑과 가르침으로 새롭게 거듭났습니다. 그녀는 매사에 적극적이었고, 장애란 조금 불편할 뿐 자신의 꿈을 이루는 데는 하등에 문제가 없다고 생각했지요. 하지만 정상적인 사람보다 몇 배, 몇 십 배는 더 노력해야 하자니 그 고충이란 말로 다할 수 없었지요. 그럼에도 그녀는 자신의 꿈을 실행하기 위해 도전을 멈추지 않았습니다. 도전을 멈추는 순간 자신의 꿈은 물거품이 되고 말 거라는 생각에 서였지요.

헬렌 켈러는 사회주의 운동가로, 교육자로 열정적인 삶을 살았습니다. 그리고 《내가 사는 세계》, 《내 어둠 속의 빛》 등 12권의 책을 출간함으로써 작가로서의 입지를 굳히며 많은 사람들에게 감동을 주었습니다.

헬렌 켈러는 많은 여행을 통해 긍정적이고 희망적인 삶에 대해 이야기를 전했으며, 전쟁을 반대하고, 이주노동자의 인권을 보호하고 인종차별 정책에 적극 대응하여 인권운동가로서의 역할을 훌륭히 해냈습니다. 그녀가 성공적인 인생이 될 수 있었던 것은 그녀의 말대로 '희망의 태양'을 품고 매사를 긍정적으로 실행했기 때문이지요.

'희망의 태양'을 품고 최선을 다하는 10대가 되기 바랍니다.

❀ 어떤 상황에서도 '희망의 태양'을 버리지 않는 한 꿈은 이루어지지요. 문제는 희망의 태양을 빛 나게 하기 위해서는 자신이 하는 일에 열정을 다 바쳐야 한다는 것입니다. 열정을 품고 힘차게 나아갈 때 꿈은 이루어지는 법이니까요.

# 참 인간을 만드는 세 가지

고통은 인간을 생각하게 하고,
생각은 인간을 지혜롭게 만든다.
또한
지혜는 인생을 견딜만한 것으로 만든다.
_패트릭 헨리

✽

미국의 독립운동가인 패트릭 헨리는 참 인간을 만드는 세 가지 조건으로 '고통', '생각', '지혜'를 꼽았습니다.

인간은 살다보면 누구나 생각지도 않는 일로 고통을 겪는 답니다. 그런데 고통이 주는 아픔을 이겨내지 못하면 실패한 인생이 되지요. 그러나 고통을 이겨내면 성공한 인생이 될 수 있습니다.

그러면 고통은 인간에게 무엇일까요.

고통은 인간에게 많은 생각을 하게 합니다. 많은 생각을 하다보면 어려움을 이겨내게 하는 지혜를 발견하게 되지요. 지혜가 있다면 인간은 어떤 상황에 놓이더라도 충분히 극복할 수 있습니다. 지혜는 인간을 현명하게 만드니까요. 그래서 최악의 순간에도 자신을 지켜낼 수 있는 것입니다.

이렇듯 고통을 두려워하면 패배자가 되지만, 고통과 맞서 싸워 이기면 승리자가 된답니다. 그리고 생각하는 사람은 지혜를 발견하지만, 생각하지 않는 사람은 지혜를 곁에 두고도 알지 못합니다.

고통, 생각, 지혜는 참 인간을 만드는 세 가지 조건이라는 패트릭 헨리의 말을 마음에 새겨 실천하기 바랍니다. 패트릭 헨리 역시 이 세 가지를 통해 대통령이 되었으며 성공한 인생이 될 수 있었습니다.

✽ 참인간이란 최악의 순간에도 인간다움을 포기하지 않는 자이지요. 그래서 참인간은 누구에게나 존경을 받고 꿈을 주지요. 참인간 되기란 쉽지 않지만, 되도록 노력한다면 진실한 사람으로 거듭나 참인간이 될 수 있답니다.

# 적극적으로 행하기

자신이 하는 일에 어울리는 복장을 갖추고
자신이 원하는 성격을 선정해
그에 맞게 적극적으로 성격을 개조하라.
_ 나폴레온 힐

✽

《생각하라 그러면 부자가 되리라》의 저자이자 자기계발전문가인 나폴레온 힐은 평범한 기자에 불과했습니다. 그랬던 그가 꿈을 주고, 긍정의 마인드를 심어주는 최고의 전문가가 될 수 있었던 힘은 무엇일까요. 그에 대한 이야기입니다.

어느 날 나폴레온 힐은 앤드류 카네기에게 제안을 받습니다. 그것은 자신이 성공하는 방법을 알려줄 테니 그것을 책으로 내라는 거였습니다. 나폴레온 힐은 카네기의 말을 듣고 그렇게 하겠다고 다짐하였습니다. 카네기는 그의 결단에 박수를 치며 그에게 많은 지혜와 정보를 제공해 주었지요.

그러는 동안 20년의 세월이 흘렀고 나폴레온 힐은 그동안 연구한 것을 책으로 발간하였습니다. 그 책은 나오자마자 베스트셀러가 되었고, 그를 베스트셀러작가가 되게 했습니다. 하루 아침에 유명인사가 된 나폴레온 힐은 수많은 강연회를 펼치며 성공적인 인생이 되었습니다.

나폴레온 힐이 카네기로부터 제안을 받기 전에 많은 이들이 카네기에게 똑 같은 제안을 받았지만 모두가 거절하였지요. 하지만 나폴레온 힐은 적극적으로 응함으로써 평범한 자신을 유명인사로 만들었던 것입니다.

어른이 되어 꿈을 이루고 싶다면 매사를 긍정적이고 적극적으로 실행하는 사람이 되어야 합니다. 그것이야말로 꿈을 이루는 최선의 비결이니까요.

✽ 적극적인 사람은 무엇이든 해내지만, 소극적인 사람은 손에 쥐어주어도 하지 못합니다. 그런 까닭에 적극적인 사람이 되어야 합니다. 모든 성공은 적극적인 자세에서 오는 법이랍니다.

# 정직한 사람

정직한 사람은 자기를 지배하지만
정직하지 않은 사람은 욕망에 지배당한다.
_ 탈무드

❋

서양 격언에 '정직은 최대의 방책이다'라는 말이 있습니다. 이 말은 정직의 중요성을 잘 알게 해주지요. 국민에게 정직한 정치인은 신뢰를 받고, 직원들에게 정직한 사장은 존경을 받습니다. 정직한 친구는 정직한 친구를 얻고, 정직한 기업은 수 많은 고객을 얻습니다.

그러나 정직하지 못한 정치인은 국민들로부터 외면을 받고, 거짓말 하는 사장은 신뢰를 잃습니다. 정직하지 못한 친구는 거짓말쟁이 친구와 어울리고, 정직하지 못한 기업은 고객들로부터 불만을 사 망하고 맙니다.

정직하냐, 정직하지 않느냐는 하늘과 땅차이만큼 크지요.

정직한 사람은 자신에게 손해가 따르더라도 정직하게 말하고 행동합니다. 그래서 이런 사람은 설령 거짓을 말해도 용서해준답니다. 하지만 정직하지 못한 사람은 그 어떤 말을 할지라도 변명으로 받아들이지요.

미국의 초대 대통령인 조지 워싱턴은 아버지가 애지중지하는 벚나무를 베고 말았습니다. 이를 알게 된 아버지가 노발대발했지만 그 상황에서도 워싱턴은 자신이 그랬다고 말했지요. 아버지는 아들의 정직함을 보고 화난 마음을 풀었습니다. 정직은 화가 난 사람의 마음도 움직이지요. 자신에게 당당하고 싶다면 정직한 사람이 되어야합니다.

❋ 정직한 사람은 최악의 순간에도 정직성을 잃지 않음으로써 그 순간을 벗어나는 현명함을 보입니다. 정직한 말과 행동은 사람의 마음을 움직이는 '소통의 핵'이지요. 언제나 정직함을 잃지 말기 바랍니다.

# 절대적인 힘은 어디에서 올까

자신에 대한 존경,
자신에 관한 지식,
자신에 대한 억제,
이 세 가지가 생활에 절대적인 힘을 가져온다.
_ 알프레드 테니슨

✻

성공적인 삶을 사는 사람과 그렇지 않은 사람의 차이점은 자신을 사랑하고 존중하느냐, 아니냐에 달려 있습니다. 자신을 사랑하고 존중하면 자신을 절대 함부로 살지 않습니다. 그것은 소중한 자신에 대한 배반이기 때문이지요. 그래서 자신이 하는 일을 더 잘 하려고 하고, 성공하기 위해 힘쓰지요. 그러니 어떻게 잘 되지 않을 수 있을까요.

그러나 자신을 사랑하고 존중하지 않는 사람은 자신을 함부로 대합니다. 그러다보니 무슨 일이든 건성건성 하고, 애착심이 없습니다. 그러니 잘 될 까닭이 없지요. 그냥 대충 대충사는 게 고작이지요.

인생은 누구에게나 단 한 번뿐입니다. 그러니까 이 소중한 인생을 보람 있게 살아야합니다. 그것은 자신의 인생에 대한 예의이고, 자신을 낳아 길러준 부모님에 대한 도리이지요.

자신이 보람 있는 인생이 되기 위해서는 자신을 사랑하고 존중하되, 자신을 잘 알아야합니다. 그리고 자신을 억제할 수 있는 자제력도 길러야 합니다. 그렇지 않으면 뜻하지 않는 일로 고통을 겪게 되고, 그로인해 자신의 인생을 추락시킬 수 있습니다.

자신이 잘 되기 위해서는 자신을 사랑하고 존중하되, 자신을 잘 알아야 하며, 자신을 억제할 수 있는 자제력을 길러야합니다. 이를 마음에 새겨 실천하는 10대가 되세요.

✻ 자신을 사랑하고 존중하면 창조적인 에너지가 발생합니다. 그래서 자신을 사랑하고 존중하는 사람이 그렇지 않은 사람보다 더 잘되지요. 자신을 사랑하고 존중하는 것은 스스로를 잘 되게 하는 비결이랍니다.

# 전부를 잃는다는 것

돈을 잃는 것은 적게 잃은 것이다.
그러나 명예를 잃은 것은 크게 잃은 것이다.
더더욱 용기를 잃는 것은 전부를 잃는 것이다.
_ 윈스턴 처칠

✾

인간에게 절대적으로 필요한 것 중 하나가 '용기'를 갖는 것입니다. 할 수 없을 것 같은 일도 용기만 있으면 능히 해 낼 수 있고, 자신이 하고 싶은 일에 언제든지 도전할 수 있습니다.

그러나 용기가 없다면 충분히 할 수 있는 일도 주저하게 되지요. 이처럼 용기가 있고 없고에 따라 삶 자체가 완전히 달라진답니다.

콜럼부스가 아메리카신대륙을 발견할 수 있었던 것도 용기가 있었기에 가능했고, 닐 암스트롱이 달나라를 성공리에 탐험 할 수 있었던 것도 용기가 있었기 때문이지요.

용기를 기르기 위해서는 어떻게 해야 할까요?

첫째, 무엇이든 해 낼 수 있다는 강철의지를 길러야 합니다. 의지가 강하면 용기는 저절로 생기지요.

둘째, 잘 할 수 있다는 신념을 가져야합니다. 신념은 보지 못하는 것들을 믿는 마음인데 신념이 강하면 용기가 샘솟지요.

셋째, 모든 일에 솔직해야합니다. 솔직한 말과 행동은 용기가 없으면 절대로 할 수 없으니까요.

이 세 가지를 마음에 지닐 수 있도록 해야 합니다. 그러면 어떤 일에서든, 어떤 사람 앞에서든 주저하지 않고 자신이 뜻하는 것을 이룰 수 있답니다.

✽ 용기는 모든 것을 가능하게 하는 원초적인 에너지입니다. 용기를 갖춘다는 것은 모든 일을 할 수 있다는 것과 같습니다. 용기를 품고 용기 있게 자신의 일을 해나가는 10대가 되기 바랍니다.

# 죄는 나그네와 같다

죄는 처음에는 나그네다.
그러나 그대로 두면
나그네가 집주인이 되고 만다.
_ 탈무드

❋

옳지 않은 일을 하면 그것은 무엇이든 '죄'가 됩니다. 남을 헤하려고 거짓말을 하거나, 남의 것을 빼앗거나, 남을 곤경에 빠트리게 하거나, 도적질을 하거나, 남을 음해하는 것 등 이 모두는 정도에 어긋나는 일로 죄가 되지요.

죄는 사람을 부끄럽게 만들고, 추악하게 만들며, 비난을 받게 하는 악행입니다. 죄의 사슬에 걸리지 않도록 노력해야합니다.

유대인의 지혜서인 《탈무드》는 죄의 본질에 대해 "죄는 처음에는 나그네다. 그러나 그대로 두면 나그네가 집주인이 되고 만다."고 말합니다. 이는 죄를 짓고 뉘우치지 않으면 나중엔 죄의 노예가 되어 씻지 못할 죄를 짓게 된다는 의미이지요.

죄를 짓지 않기 위해서는 늘 정직하게 말하고 행동해야 하며, 죄의 유혹에 빠지지 않도록 심지를 굳건히 해야 합니다. 또한 나쁜 친구와 어울리지 않도록 해야 하며, 나쁜 생각이 들 땐 단호하게 마음에서 뽑아버려야 합니다. 그리고 자신이 한 일에 대해 늘 돌아보는 시간을 갖고 잘 한 일은 더 잘 하도록 하고, 잘 못한 일을 반성함으로써 씻어 버려야합니다.

죄는 삶을 망치게 하는 참으로 무서운 악입니다. 죄를 짓지 않도록 늘 경계하고 몸과 마음을 잘 살펴야 한답니다.

❀ 죄는 사람을 참혹한 길로 끌고 가는 악의 본질입니다. 죄를 이기는 가장 좋은 방법은 선을 실천하는 것입니다. 죄에 빠지지 않게 몸과 마음을 반듯하게 하기 바랍니다.

# 좋은 책

좋은 책을 읽는 것은
과거의 가장 뛰어난 사람들과
대화를 나누는 것과 같다.
_ 르네 데카르트

✽

'책 속에 길이 있다'는 말이 있습니다. 이는 책을 읽으면 책속에 삶의 답이 있음을 의미하지요. 책은 인류가 이 땅에 존재한 이후 인간이 만든 것 중 가장 위대한 산물입니다. 책이 그만큼 인간에게 미치는 영향이 크다는 것이지요.

"나는 생각한다. 고로 존재한다."는 말로 유명한 철학자 르네 데카르트는 좋은 책을 읽는 것은 과거의 가장 뛰어난 사람들과 대화를 나누는 것과 같다, 고 했는데 책속엔 현인들의 삶이 그대로 묻어나기 때문이지요.

가령, 성경책을 읽으면 예수그리스도의 행적을 알 수 있고《톨스토이의 인생론》을 읽으면 톨스토이의 삶의 흔적을 느낄 수 있습니다. 마치 실제 옆에서 보는 것처럼 생생하지요. 그래서 그분들의 가르침을 따르게 되고, 그렇게 행하다보면 자신 또한 그분들이 했던 것처럼 하게 되지요.

책을 많이 읽는 사람은 그렇지 않은 사람보다 지혜롭고, 지식이 풍부하며 인생의 고난 길을 만나도 능히 그 길을 헤쳐 나갑니다. 책은 책이 아니라 어떻게 사는 것이 참 길인지를 잘 알게 하는 스승인 것입니다.

조선시대 말기 책만 보는 바보로 유명했던 이덕무는 2만 권이 넘는 책을 읽고, 벼슬길에 올라 자신의 품은 뜻을 펼친 것으로 유명하지요. 그가 책을 읽지 않았다면 그는 한낱 서글픈 서자의 삶을 살았을 것입니다. 책은 그의 삶을 바꾸게 한 인생의 소중한 선물이 되었습니다.

자신이 만족하는 인생이 되고 싶다면 책을 소중한 벗으로 만들어야합니다.

❀ 좋은 책을 많이 읽는다는 것은 훌륭한 스승과 참 벗을 곁에 두는 것과 같습니다. 책은 말없는 스승입니다. 책은 지혜로운 친구입니다. 늘 책을 가까이 하기 바랍니다.

# 삶의 바다에서
# 유능한 선장이 되기

훌륭한 선장은 육지에 앉아서 될 수 없다.
바다에 나가 거친 폭풍을 만난 경험이 유능한 선장을 만든다.
격전의 들판에 나서야 비로소 전쟁의 힘을 이해할 수 있다. 사람의 참된 용기는
인생의 가장 곤란한 또는 가장 위험한 위치에 섰을 때 비로소 나타난다.
_ 다니엘

❋

어려운 일을 만나게 될 때 사람들은 크게 두 가지 반응을 보입니다.
"대체 왜 나한테 이런 일이 생긴 거야. 내가 뭘 잘못했다고."
"그래, 어차피 겪어야 할 일이라면 받아들여야지."
사람들은 대개 첫 번째 반응을 보입니다. 자신에게 닥친 어려움이 억울
하다는 것이지요. 물론 그럴 수 있습니다. 하지만 인생은 잘못이 없이도
어려움을 겪습니다. 그것은 자신에게 주어진 하나의 삶의 과정이니까요.
그렇게 생각한다면 크게 낙담할 필요는 없습니다. 어려움을 극복하기 위
해 노력하면 충분히 극복할 수 있는 것이니까요.
두 번째 반응을 보이는 경우는 많지 않습니다. 이는 어느 정도 삶을 통
찰한 사람이거나 낙관적인 마인드를 가진 사람이 보이는 반응이니까요.
여기서 분명한 것은 그 어떤 어려움이 힘들게 해도 절대 좌절해서는 안
됩니다. 어려움을 이겨낸 선장이 유능할 수 있는 건 어려움을 통해 이겨
내는 방법을 터득했기 때문이지요. 이런 소중한 경험은 그 어떤 시련에도
굴하지 않고 뚫고 나가는 힘이 된답니다.
특히, 인생에서 10대는 꿈의 골조를 세우는 시기이지요. 이 시기를 잘
보내야 자신의 꿈을 이루는 데 큰 도움이 된답니다. 그 어떤 어려움도 두
려워하지 말고 맞서 나가기 바랍니다. 그것이 행복한 인생을 사는 지혜이
니까요.

❀ 고난은 사람을 강하게 만드는 인생의 소금입니다. 그러니 고난이 힘들게 해도 절대로 지지마
세요. 고난은 용기 있는 사람을 두려워한답니다. 용기 있게 싸워 이겨내기 바랍니다.

# 책 읽기의 세 가지 가르침

책을 읽는 사람은 세 가지 가르침을 지켜야 한다.
책을 가지고 있으면서 읽지 않는 사람,
책에서 사회에 유익한 교훈을 끌어내지 못하는 사람,
책을 읽고 자신의 생각을 끌어내지 못하는 사람은
소중한 세 아이를 잃는 거와 같다.

_ 탈무드

유대인은 민족의 지혜서인《탈무드》를 어린 시절부터 탐독하며 인생을 배웁니다.《탈무드》엔 역사, 철학, 사랑, 우정, 행복, 처세, 법, 배움, 책에 관한 이야기 등 인간이 살아가는 데 필요한 전반적인 이야기들로 가득하지요.

특히,《탈무드》는 배움과 책 읽기를 즐기라고 가르칩니다. 유대인에게 있어 배움은 곧 삶이며, 책은 배움의 주체이자 삶을 빛입니다. 그래서 유대인은 이를 철저하게 실행한답니다.

"책을 읽는 사람은 세 가지 가르침을 지켜야 한다. 책을 가지고 있으면서 읽지 않는 사람, 책에서 사회에 유익한 교훈을 끌어내지 못하는 사람, 책을 읽고 자신의 생각을 끌어내지 못하는 사람은 소중한 세 아이를 잃는 거와 같다."

이는《탈무드》에 나오는 말로 책을 대하는 자세에 대해 말하고 있습니다. 즉 책을 통해 효율성을 이끌어내야 한다는 것입니다. 책에 대한 유대인의 진정성을 잘 알게 하지요. 유대인이 세계 최고의 민족이 될 수 있었던 것은 배움과 책을 소중히 하기 때문이지요.

우리나라 성인의 평균 월 독서량은 약 0,8권이라고 합니다. 입시위주의 공부를 하는 10대들 또한 별반 다르지 않습니다. 자신을 진정 위한다면 책을 읽어야 합니다. 책을 읽는 만큼 자신의 삶은 발전하니까요.

❀ 책은 미래를 환히 밝히는 인생의 등불입니다. 그래서 책을 많이 읽는다는 것은 스스로의 앞날을 준비하는 것과 같습니다. 책은 무형의 자산이랍니다.

# 진실한 자세 갖기

어진 것을 그 근본으로 삼고
이치를 탐구함으로써 착한 것을 밝히고,
힘써서 그것을 실천한다면
반드시 자신의 뜻하는 바를 이룰 수 있다.
_ 율곡 이이

❋

어진 사람은 적이 없습니다. 어진 사람은 마음이 착해서 타인을 함부로 여기지 않으며, 자신이 손해를 보더라도 양보하기를 좋아하지요. 그래서 어딜 가든 사람들에게 환영받고 잘 어울립니다.

그러나 마음이 어질지 못하면 이기적이고 자기중심적이어서 사람들과 다투기를 잘하고, 물과 기름이 겉돌듯 잘 어울리지 못합니다.

이이 율곡은 어진 마음으로 살아야 한다고 말하고, 그것을 근본으로 하여 선을 행하면 자신이 뜻하는 바를 이룰 수 있다고 말합니다. 그렇습니다. 마음이 어질고 착하면 주변사람들이 도와주고, 하늘도 도와준다고 했습니다.

그런데 그렇지 않다면 주변 사람들도 외면하고, 하늘도 외면할 것입니다. 잘되고 싶다면 마음을 어질게 하고, 바르게 행동해야합니다.

지금 이 순간 자신을 한 번 돌아보세요. 나는 과연 어질고 착한 사람인지를. 만일 어질고 착하다면 그 마음이 변하지 않도록 해야 합니다. 그런데 어질지 못하고 착하지 않다면 자신을 변화시키도록 해야 합니다. 노력해서 안 되는 것은 없습니다. 안 하니까 못하는 것이지요.

자신에게는 냉철하고 타인에게는 어질고 진실하도록 노력하기 바랍니다.

❋ 모든 것은 자신이 할 탓이며, 심은 대로 거두는 법이지요. 어질게 말하고 행동하면 그대로 자신에게 돌아오지요. 진실한 마음으로 어진 10대가 되어야겠습니다.

# 정의로운 사람

정의란 집의 기둥과 같다.
기둥을 빼 버리면 그 집은 곧 무너져 버린다.
그러므로 정의란 사람의 경우도 이와 같다.
_ 애덤 스미스

❋

'정의'란 바르고 옳은 것을 말하는데, 정의로운 사람이 많을수록 밝고 명랑한 사회, 살기 좋은 나라가 된답니다. 그래서 정의로운 사람은 꼭 필요한 존재로 누구에게나 환영받지요.

정의로운 사람들에 대한 이야기입니다.

언젠가 선량한 시민이 강도로부터 위협을 받고 어려움에 빠졌을 때 군인이 강도의 위협으로부터 시민을 구해준 적이 있습니다. 또 남의 가방을 날치기 하여 달아나던 소매치기를 잡아 가방을 찾아준 세 명의 대학생들이 있는가 하면, 백주 대낮에 지나가던 사람들에게 흉기를 휘두른 남자를 제압하여 경찰에 넘긴 중년 남자, 교통사고를 내고 뺑소니치는 차를 끝까지 따라가 운전자를 붙잡은 회사원 등 이들을 정의로운 사람들이라고 말하지요.

애덤 스미스는 정의를 집의 기둥과 같다고 했는데 매우 적절한 비유라고 할 수 있습니다. 왜냐하면 기둥이 튼튼해야 집이 무너지지 않기 때문이지요. 이와 마찬가지로 정의로운 사람들은 사회를 떠받치는 기둥과 같습니다.

어려움에 처한 사람을 보면 그냥 지나치지 마세요. 손을 내밀어 그를 잡아주어야 합니다. 그러면 그는 두고두고 감사한 마음을 갖고 감사하는 일을 하며 살아가게 된답니다.

정의로운 10대가 되세요.

❋ 정의로운 사회, 정의로운 국가는 정의로운 사람들이 만듭니다. 나는 어떤 사람인지를 한 번 생각해보세요. 자신이 정의롭다면 바람직한 일이지만, 그렇지 않다면 정의로운 사람이 되도록 노력해야 한답니다.

# 만족함을 아는 사람

만족함을 아는 사람은
가난하고 지위가 없어도 즐거워한다.
만족함을 알지 못하는 사람은
부자가 되고 벼슬에 올라도 근심한다.
_ 열자

충만하도록 행복한 마음, 넘쳐서 부족하지 않는 것을 '만족'이라고 하는데 사람은 자신의 만족을 위해 삽니다. 그래서 힘들고 어려운 일에도 도전하고, 자신의 것으로 남을 돕기도 하지요.

그런데 어떤 사람들은 노력도 없이 만족하기를 바랍니다. 그런 마음자세로는 절대로 만족할 수 없습니다. 왜냐하면 도둑의 심보를 가졌기 때문이지요.

어느 구두수선공의 이야기입니다.

그는 언제나 싱글벙글하며 생활합니다. 한 번도 찡그리는 것을 본적이 없습니다.

"무슨 좋은 일이 있어요?"

"꼭 좋은 일이 있어야만 웃나요. 웃다보면 그냥 기분이 좋아요."

그는 사람들이 물을 때마다 늘 이렇게 말했습니다. 사람들은 그의 긍정적인 모습에서 기분 좋은 에너지를 받곤 했습니다.

그리고 그는 힘들게 번 돈을 구호단체에 정기적으로 후원하고, 매월 첫째, 셋째 주 일요일마다 봉사활동을 한답니다. 이런 사실을 아는 사람들은 그를 '스마일 맨'이라고 부르지요.

그는 비록 잘 살지는 못해도 자신의 삶에 매우 만족해합니다.

가난하거나 지위가 낮아도 자신이 만족하면 됩니다. 그러나 부유하고지위가 높아도 만족하지 못하면 아무것도 아니랍니다.

※ 스스로 만족한 삶을 사는 사람이 지혜로운 사람입니다. 그런데 만족할 줄 모르면 늘 불만을 품고 살아가지요. 만족하게 살고 싶다면 불만과 불평을 마음속에서 지워버리고 늘 긍정의 마음을 품기 바랍니다.

Part 02

# 행복 하라,
# 가장 행복한 사람이 돼라

# 노력에서 오는, 행복

대개 행복하게 지내는 사람은 노력가이다.
게으름뱅이가 행복하게 사는 것을 보았는가.
노력의 결과로서 오는 어떤 성과의 기쁨 없이는
누구나 참된 행복은 누릴 수 없기 때문이다.
수확의 기쁨은 그 흘린 땀에 정비례하는 것이다.
_ 윌리엄 블레이크

"행복은 노력에서 오는 것이다."라는 블레이크의 말은 매우 적합한 말이 아닐 수 없습니다. 사실 그 어떤 행복도 그냥 찾아오는 것은 없지요. 그만한 대가를 치러야 얻을 수 있는 것이 행복입니다.

어느 날 길을 가다 바이올린을 연주하는 한 중년 남자를 보았습니다. 그는 클래식은 물론 재즈와 가요에 이르기 까지 다양한 장르의 음악을 열정적으로 연주하였습니다. 연주 수준도 썩 괜찮은 것 같았습니다.

남자 앞에는 모금함이 놓여 있었지요. 말하자면 불우한 아이들을 위한 모금 자선공연이었습니다. 그는 일주일에 한 번씩 연주를 한다고 했습니다. 그리고 덧붙여 하는 말이 이 일을 하면 그냥 행복하니까, 한다고 했습니다.

그는 자신이 행복해 지고 싶어서 그 일을 한다는 것입니다. 그 단순한 말이 나를 감동하게 했지요.

나는 그의 말을 듣고 참된 행복은 그냥 얻어지는 것이 아니라 노력에 의해 얻어진다는 걸 느낄 수 있었습니다.

우리의 10대들도 행복 하고 싶다면 행복한 일을 하세요. 그것이야말로 참된 행복의 비결이랍니다.

❀ 가만히 앉아서 행복을 기다리는 것처럼 어리석은 일은 없지요. 노력 없이 행복을 얻으려고 하는 것은 행복에 대한 모독입니다. 행복은 노력에서 오는 것이므로, 자신이 노력하는 만큼 딱 고 만큼만 행복은 미소지으며 다가오지요.

# 행복의 기쁨

이 세상의 참다운 행복은 남에게서 받는 것이 아니라
내가 남에게 주는 것이다.
그것이 물질적인 것이든 정신적인 것이든
인간에게 있어서 가장 아름다운 행동이기 때문이다.
_ 아나톨 프랑스

❋

주는 것과 받는 것 중 어느 것이 더 나를 행복하게 할까요? 이에 대한 물음은 사람에 따라 그 답변이 분명하게 갈릴 것입니다. 주는 것과 받는 것은 서로 상반되는 개념이니까요.

언젠가 내가 문예창작을 강의할 때 수강생들에게 이에 대한 질문을 한 적이 있습니다. 그때 청마 유치환의 대표시인 〈행복〉을 공부하던 때였습니다. 그때 나온 질문에 대한 답변은 받을 때가 더 행복하다는 쪽이 줄 때가 더 행복하다는 쪽보다 7:3의 비율로 더 많았지요.

사실 작은 선물이라도 받으면 기분이 참 좋습니다. 받을 때는 주는 사람의 정성이 함께함으로 나를 행복하게 하지요. 하지만 줄 때는 더 행복하다는 것을 알아야 합니다. 내가 준 것을 받고 즐거워하는 사람을 보면 기분이 한 층 더 좋아지기 때문이지요.

자신이 행복해지기를 원한다면 베푸는 것을 즐기세요. 주는 만큼 더 큰 행복이 자신에게 찾아올 테니까요.

❋ 사람들은 대게 원하는 것을 받을 때 행복하다고 말합니다. 하지만 자신의 것을 남에게 줄 때도 받는 것 못지않게 행복하지요. 진정한 행복이란 서로주고 받을 때 찾아오지요. 자신의 행복을 나누어 주세요. 더 큰 행복으로 되돌아온답니다.

# 만족한 마음

만족한 마음을 가질 수 없는 사람은
결코 만족한 생활이란 있을 수 없다.
_묵자

❋

만족한 마음이란 무엇일까요? 이를 달리 표현한다면 충족된 마음이라고 하겠습니다. 만족한 마음으로 사는 사람은 과연 얼마나 될까요. 아마도 그리 많지 않다는 생각이 드는군요.

사람들은 대개 하나를 가지면 둘을 갖고 싶어 하고, 둘을 가지면 셋, 넷을 가지고 싶어 합니다.

우리나라 사람들에게 어느 정도의 재산을 가졌을 때 부자라고 생각하느냐, 라는 부자의 개념에 대해 설문을 조사한 적이 있습니다. 그 때 답변자 중 약 70%는 10억이라고 답했습니다. 10억의 재산을 가진 사람을 부자라고 본다는 것이지요.

그런데 돈이 많은 사람들이 그렇지 않은 사람들보다 돈에 대해 더 집착하는 것을 보게 됩니다. 왜 그럴까요? 그것은 가진 자는 가짐으로 해서 얻는 부의 기쁨을 더 많이 누리기 때문이지요.

그러면 왜 잘 사는 나라 사람들이 가난한 나라사람들보다 삶의 만족을 느끼지 못하는 걸까요? 그것은 더 많은 것을 가지기 위해 혈안이 되어 참된 행복을 알지 못하기 때문입니다.

작은 것에도 만족할 줄 아는 10대가 되세요. 그런 사람이야말로 진정한 부자이니까요.

❋ 만족한 마음은 많이 가져야만 느끼는 것은 아닙니다. 작은 것에도 감사하는 마음이 들 때 만족한 마음이 되지요. 만족한 마음을 자주 갖게 되면 그만큼 행복도 따라오지요. 행복을 자주 느끼고 싶다면 작은 것에 만족하는 10대가 되세요.

# 최고의 행복

최고의 행복이란
나의 결함을 고치고
나의 잘못을 바로잡아주는 일이다.
_ 괴테

＊

독일문학의 귀재이며 정치가며 사상가인 요한 볼프강 폰 괴테.

그는 세계 4대 시성으로 꼽힐 만큼 유능한 시인이기도 하지요. 그의 다재다능함은 타고난 천재적 재능에도 있지만 꾸준히 노력하는 노력형 인간이었기 때문입니다.

그는 사상가답게 행복의 가치를 자신에게서 찾으라고 말했는데, 그것은 자신의 결함을 고치라는 것이지요. 결함이란 뭔가요? 잘못됨, 모순, 부족함 등을 일러 말하는데 그것을 고치라는 것입니다. 자신의 결함을 고칠 때만이 행복할 수 있다는 것이지요.

자기 결함을 고치는 것은 자아성찰을 의미합니다. 자아성찰은 예나 지금이나 인간에게 반드시 필요한 참된 인생을 위한 깨우침의 요소이며 자신을 깨닫는 다는 것은 자신을 보다 성숙되게 하는 것이지요.

물질에서 오는 행복은 물질이 사라지면 그 역시 곧 사라지지만, 결함을 고치는 깨달음의 행복은 오래가는 법입니다.

❀ 결함이 없는 행복은 행복 중에서도 으뜸이지요. 결함이 없다는 것은 깨달음을 통해서만 가능한데, 깨달음에서 오는 행복이 그만큼 크다는 것이지요. 그러므로 물질에서 행복을 얻으려고 하지 말고 깨달음을 통해 행복을 얻어야 합니다.

# 오래가는 행복

오래가는 행복은
정직한 것 속에서만 발견할 수 있다.
_ 리히텐베르히

❋

괴테는 결함을 고치고 자기 자신을 바로 잡아주는 것을 행복이라고 했습니다. 그런데 리히텐베르히는 정직한 것 속에서만 오래가는 행복을 발견할 수 있다고 했습니다.

정직함이란 사람과 사람사이에 있어 가장 중요한 인생의 덕목이지요. 정직함은 사랑하는 남자와 여자, 친구와 친구, 기업과 소비자, 스승과 제자, 기업과 기업, 정부와 국민 사이에 반드시 따라야 할 삶의 법칙이기 때문입니다.

정직함이 없는 행복은 거짓 속에 세워진 사상누각에 불과한 것이지요. 정직함이 사라짐과 동시에 그 행복은 와르르 무너지고 마니까요.

역사적으로 보면 정직하지 못해 자신의 명예를 더럽히고, 불명예스럽게 퇴진한 사람들이 있습니다. 몇 가지를 꼽는다면 워터게이트 사건으로 미국 대통령자리에서 물러난 닉슨, 이순신 장군을 모함한 원균, 사육신을 배반한 김질 같은 이들이 대표적인 예라고 할 수 있지요. 어디 그 뿐인가요. 장.차관 및 정치인 등 사회지도층 인사들이 정직하지 못함으로 해서 자신의 명예를 실추시키는 일이 다반사이지요.

리히텐베르히는 바로 이런 우려를 생각하고 정직함 속에서 행복을 발견하라고 말했던 것입니다.

정직함, 그것이 오래가는 행복의 비법이지요.

❋ 역사적으로 보면 처음엔 거짓이 정직을 이기지요. 그러나 가면 갈수록 뿌리를 드러내는 나무처럼 중심이 흔들리지요. 그러다 마침내 쓰러지고 맙니다. 거짓으로 세운 행복은 사상누각이지만 정직으로 세운 행복은 철옹성이지요.

# 긴 행복 짧은 행복

행복과 불행은 사람의 마음 가운데 살고 있다.
그러므로 인생을 짧게 보는 사람에겐
행복은 허무하고 불행은 오래 가지만,
원대한 희망을 가진
사람에게는 행복은 오래가고 불행은 짧다.
_ 게오르규

긴 행복 짧은 행복은 누구에게나 찾아옵니다. 단 누구에겐 긴 행복이 오고 또 누구에겐 짧은 행복이 오지요. 긴 행복과 짧은 행복은 인생을 어떻게 사느냐에 따라 달리 오는 것이지요.

행복과 불행은 언제나 함께 그 사람 마음속에 존재합니다. 그 마음이 행복한 쪽으로 향하면 행복하게 되고, 불행한 쪽을 향하면 불행하게 되지요.

인생에 재미를 느끼지 못하는 사람은 허무하고 불행한 사람이지만, 원대한 희망을 가지고 꿈을 캐는 사람은 행복한 사람입니다. 그래서 희망을 통해 얻은 행복은 오래오래 가지요.

자신이 행복한 인생을 꿈꾼다면 원대한 포부를 품고 노력하세요. 노력해도 안 되면 될 때까지 하십시오. 불행한 자신을 어떤 모습으로든 절대 생각하지 마세요.

사람은 그가 꿈꾸는 대로 된답니다.

❀ 길게 가는 행복은 누구나 바라는 행복이지요. 하지만 누구나 가질 수는 없습니다. 그것은 그럴 만한 자격을 갖춰야 합니다. 원대한 포부를 품고 끊임없이 찾고 구하고 두드려야 합니다. 노력하는 자가 결국은 목표를 이루는 법이지요.

# 베토벤의 행복

남을 위해 일을 할 수 있었다는 것은
어린 시절부터
나의 최대의 행복이었으며 즐거움이었다.

_ 루드비히 반 베토벤

❀

고전주의 음악의 완성자이며 낭만주의 음악의 선구자인 악성 베토벤, 베토벤은 내가 가장 존경하는 인물 중 한 사람입니다. 내가 그를 존경하는 것은 그가 위대한 음악가라는 점도 있지만, 그가 품고 있는 인간에 대한 깊은 사랑과 뜨거운 관심 때문이지요.

그는 음악가로서는 생명과도 같은 청각을 잃고 잠시 방황을 했지만, 자신이 해야 할 일이 진정 무엇인지를 똑똑히 알았고, 평생토록 실천했습니다.

그가 깨달은 것은 남을 위해 일을 하는 것이었습니다. 즉 자신의 사랑을 남에게 주는 것이지요. 베토벤의 이런 능동적이고 강인한 정신은 그를 세계 음악사에서 가장 위대한 음악가로 남게 하였습니다.

그가 떠난 지 오랜 시간이 흘렀지만 아직도 그는 전 세계인의 가슴에 살아남아 행복한 음악을 선물하고 있습니다.

오늘도 베토벤은 우리에게 말합니다.

남을 위해 일하십시오. 그것이 최선의 일이며 최고의 행복이다, 라고 말입니다.

❀ 자기를 위해서 열성을 다하는 사람은 귀감이 되지요. 그러나 남을 위해 열심을 다하는 사람은 더 큰 귀감이 되지요. 나 아닌 다른 사람을 위해 산다는 것은 그만큼 어렵기 때문이지요. 베토벤은 자신의 재능을 남을 위해 쓰는 것을 행복이라고 말합니다. 그런 행복이야말로 더없는 행복이지요.

# 되돌아오는 행복

사람은 남에게 어떠한 행동을
하였느냐에 따라 그의 행복도 결정된다.
남에게 행복을 주려고 했다면 그만큼
그 자신에게도 행복이 돌아온다.

_ 플라톤

❋

'뿌린 대로 거둔다.'라는 말이 있습니다. 자신이 행한 그대로 자신에게
되돌아온다는 의미로 쓰는 말이지요. 선을 베풀면 선으로 되돌아오고, 악
을 베풀면 악으로 되돌아온다고 하면 이 말이 지닌 의미를 한층 더 부각
시킬 수 있답니다.

이러한 예를 잘 보여주는 대표적 드라마가 있습니다. 무더운 여름이면
아이 어른 할 것 없이 누구나 즐겨보는 '전설의 고향'이 그것입니다.

남의 행복을 빼앗고 불행으로 만든 고을 사또가 처참한 보복을 당하
고, 아버지를 해코지한 악당이 자신이 뿌린 대로 응징의 대가를 톡톡히
받지요.

"남에게 어떠한 행동을 하였느냐에 따라 그의 행복도 결정된다."는 플
라톤의 말은 그러기에 더 큰 의미를 지닙니다.

자신이 행복하기를 원한다면 선을 베풀고 자신이 불행해지길 원한다면
악을 베푸십시오. 남에게 행복을 주려고 했다면 그만큼 그 자신이게도 행
복이 돌아온다는 것을 잊지 마십시오.

❋ 행복은 자신이 애쓴 만큼 오지요. 행복을 위해 한 일이 20이면 20으로 오고, 90이면 90으로 오
고, 100이면 100으로 오지요. 그런데 대개의 경우 자신이 애쓴 것보다 더 많은 행복이 오길 바
라지요. 이러한 행복의 모순을 고쳐야 참 행복을 느낄 수 있습니다.

# 스스로 행복 하라

행복이란 스스로 만족하는 데 있다.
남보다 나은 점에서 행복을 구한다면 영원히 행복하지 않을 것이다.
그것은 누구나 남보다 나은 한 두가지 나은 점이 있지만
열 가지가 남보다 뛰어난 사람은 없다.
그러므로 남과 비교하지 말고 스스로 만족할 줄 알아야 한다.

_ 알랭

아무리 많은 부를 축적했거나 높은 지위에 올랐다 해도 본인이 만족하지 못한다면 그것은 진정한 행복이 아닙니다. 남이 보기엔 매우 행복한 조건을 갖추었다 해도 당사자가 행복을 느낄 수 없다면 그것은 행복도 그 무엇도 아닌 것입니다.

또한 남이 보기엔 행복과 전혀 관계없어 보이는 사람도 만족한 행복을 느끼는 사람들이 많이 있지요. 이는 행복의 가치기준을 결정하는 것이 물질이나 지위 등 외형적인 조건에 있는 것이 아니라 각자의 내면에 있기 때문입니다.

"스스로 만족할 줄 아는 삶이야말로 진실한 행복이다."라는 알랭의 말은, 보이는 것만 쫓아가는 오늘을 사는 현대인들에겐 정문일침과도 같습니다.

자신이 진실로 행복하길 꿈꾼다면 스스로 만족할 수 있는 자신만의 행복의 가치기준을 정하세요. 그것이야 말로 자신이 진정 행복할 수 있는 지혜이니까요.

❁ 사람마다 행복의 가치 기준이 다르지요. 어떤 사람은 작은 일에도 행복해 하는데, 어떤 사람은 큰일에도 불만을 터뜨리지요. 이는 행복의 관점이 서로 다른데서 오는 결과지요. 자신만의 행복의 가치기준을 정한다면 더욱 만족한 행복을 갖게 될 겁니다.

# 소크라테스의 행복

나는 생각한다.
잘 되겠다고 노력하는 것 이상으로 잘 사는 방법은 없다.
그리고 실제로 잘 되어간다고 느끼는 그 이상으로
큰 만족은 없다.
이것은 내가 지금 까지 살아오며 경험한 행복이다.
_ 소크라테스

소크라테스란 이름 하나만으로도 진리와 지혜의 대명사가 된 사람.

'너 자신을 알라.'는 말은 까마득히 오랜 시간이 지난 지금도 동서양을 넘나들며 수많은 사람들에게 이성적 삶의 균형을 잡아 줍니다.

그런 그가 행복에 대해 말하기를 "잘 되겠다고 노력하는 것 이상으로 잘 사는 방법은 없다."고 했습니다. 행복하기 위해서 노력하라는 말은 지극히 당연한 말처럼 여겨지겠지만, 그것을 알고도 실천하지 못하는 게 우리들인 것입니다. 이것이 사람들이 가진 최악의 핸디캡이지요.

노력에서 오는 행복은 그 어느 행복보다도 의미가 크고 보람이 있습니다. 노력을 통해 얻는 행복은 아름답고 열정적이고 당당하니까요. 그냥 얻어지는 행복을 꿈꾸는 사람은 이 말이 지닌 깊은 의미를 잘 알아야 합니다.

그러면 우리 10대들은 어떤 행복을 선택해야 할까요?

그것은 자신만이 알 수 있지요. 각자 똑똑한 선택을 함으로써 빛나는 인생에 주연이 되기 바랍니다.

❋ 고대 그리스 철학자 소크라테스 역시 행복은 노력에서 오는 것이라고 말합니다. 공짜로 행복을 바라지 마세요. 우리의 10대들은 자신이 행복해지고 싶은 만큼 노력하기 바랍니다.

# 꾸준한 행복

사람들은 일 년 먹을 양식을 광속에 저장 하듯이
행복도 비축해 두었다가 하나하나 소비할 수 있는 걸로 생각한다.
이것은 잘못된 생각이다. 사람은 앞으로 나아가는 거지
한군데 머무르는 것이 아니다. 앞으로 나아가는 사람에게는 행복이 따르고
멈추는 사람에게는 행복도 멈추는 법이다.

_ 랠프 왈도 에머슨

사람이 살다보면 여러 경우를 겪게 되지요. 오늘은 하늘을 날아갈듯 행복하지만, 내일은 땅이 꺼지도록 한숨을 쉬는 게 인간의 삶입니다. 그런데도 사람들은 이것을 잊고 오늘만 행복하면 된다는 식으로 살아가지요.

그런데 이것이 얼마나 무모하고 무가치한 생각이라는 걸 알게 되는 것은 그리 어렵지 않습니다. 누구나 현실에서 자신에게 주어진 상황에 따라 경험하게 되기 때문이지요.

그렇다면 어떻게 해야 오래도록 변함없는 행복을 누리며 살 수 있을까요?

이에 대해 시인이자 사상가인 랠프 왈도 에머슨은 꾸준하게 노력하라고 말합니다. 무언가를 할 땐 꾸준히 하는 것이 매우 중요하니까요.

행복 또한 마찬가지입니다. 꾸준한 노력에서 오는 행복이야 말로 꾸준히 오래가는 법이지요.

당부하건데 행복을 거저 얻으려고 하지마세요. 거저 오는 행복치고 오래가는 것을 본적이 없습니다. 거저 오는 행복은 낮 꿈과 같아서 깨고 나면 연기처럼 이내 사라지는 법이니까요.

❋ 일시적인 행복을 원하는 사람은 없을 겁니다. 일시적인 행복은 곧 떠나버릴 테니까요. 꾸준한 노력에서 오는 행복이야 말로 꾸준히 오래가는 법이지요.

# 가까이에 있는 행복

사람들은 행복을 찾아 세상을 헤맨다.
그런데 행복은 누구의 손에든지 잡힐 만한 곳에 있다.
그러나 마음속에 만족을 얻지 못하면
행복을 얻을 수 없다.
_ 호라티우스

✻

〈무지개〉 이야기를 기억할 것입니다. 무지개를 찾기 위해 많은 사람들이 길을 떠났지만 결국은 무지개를 찾지 못하고 돌아온다는 그 이야기.

이야기 속에서 한 소년이 백발이 성성하도록 무지개를 찾았지만 무지개는 그 어디에도 없었다는 이야기는 더욱 실감을 주지요.

그들이 찾으려고 했던 무지개는 '행복'을 말합니다. 그들이 오랜 기간 동안 무지개를 찾을 수 없었던 것은 무지개는 자신 곁에 늘 있었는데도 그것을 알지 못했기 때문이지요.

등하불명(燈下不明)이란 말이 있습니다. 등잔 밑이 어둡다는 이 말은 인간의 어리석음을 통렬히 꼬집고 있지요.

언젠가 나는 중요한 청탁원고를 곁에 두고도 찾지 못해 다시 쓴 적이 있습니다. 마감을 코앞에 두고 새로 쓴 원고를 넘기고 났을 때 그 원고를 발견했는데, 어쩌나 내 자신이 우스꽝스럽던지 지금 생각해도 조소를 금할 수 없습니다. 행복도 이와 같습니다.

우리의 10대들은 행복을 멀리서 찾지 마세요. 행복은 늘 자신 가까이에서 기다리고 있으니까요.

✻ 어리석은 자는 가까운 곳에 행복을 놓아두고 멀리서 찾지요. 마음의 눈이 어두운 까닭이지요. 그러나 지혜로운 자는 행복을 멀리서 찾지 않지요. 자신 옆에 행복이 놓여있다는 것을 잘 아는 까닭이지요.

# 알지 못하는 행복

인간은 자신이 행복하다는 것을
알지 못하므로 불행한 것이다.
_ 도스토예프스키

사람은 자신에게 있는 재능이나 능력, 행복을 잘 알지 못합니다. 그리고 남의 떡은 커 보이는데 언제나 자기의 떡을 작다고 생각하지요. 이것이 인간이 가장 흔하게 범하는 실수입니다.

인간은 자신을 늘 부족하다고 느끼지요. 그리고 그로인해 불행하다고 여깁니다. 이에 대해 도스토예프스키는 인간은 자신이 행복하다는 것을 알지 못하므로 불행하다고 역설적으로 말했습니다.

그의 말대로라면 행복을 찾는 길은 간단합니다. 자신이 결코 불행하지 않다고 믿으면 되는 것입니다. 그리고 자신은 얼마든지 행복해질 수 있다고 믿고 행하면 되는 것이지요.

가만히 누워 있는데 감이 입으로 들어오는 법은 없습니다. 자신이 직접 감을 따서 먹어야 합니다. 행복 또한 자신이 찾는 것이지 누가 찾아주는 것은 아니지요. 행복하고 싶다면 행복을 찾아 열정을 바치세요.

부지런한 새가 먹이를 더 빨리 찾고 더 많이 먹는 법이지요. 행복도 이와 같은 것입니다.

❀ 자신을 불행하다고 여기는 사람은 어떤 상황에서도 불행을 느끼지요. 그러나 자신을 행복하다고 여기는 사람은 어떤 상황에서도 행복을 느끼지요. 어떤 상황에서도 행복을 찾는 지혜로운 눈을 가져야 하겠습니다.

# 행복의 열쇠

어느 곳에 돈이 떨어져 있다면 길이 멀어도
주우러가면서 자기 발밑에 있는 일거리는
발길로 차버리고 지나치는 사람이 있다.
눈을 떠라. 행복의 열쇠는 어디에나 떨어져 있다.
기웃거리고 다니기 전에 먼저 마음의 눈을 닦으라.
_ 앤드류 카네기

인류 역사상 하나의 금자탑을 쌓은 앤드류 카네기.

기부문화의 대명사인 그는 맨주먹으로 성공신화를 이룬 인물입니다. 그가 미국인들은 물론 전 세계인들로부터 존경받는 것은 크게 성공한데도 있지만, 힘들게 번 돈을 사회를 위해 아낌없이 내 놓았다는데 있습니다. 카네기재단, 카네기 홀은 그의 피와 땀이 스며있는 소중한 가치며 흔적이지요.

그랬던 그가 어느 곳에 돈이 떨어져 있으면 길이 멀어도 주우러가면서 왜 자기 발밑에 있는 일거리는 발길로 차버리느냐며 말했지요. 이 말은 한치 앞을 내다보지 못하는 사람들을 향한 고언(苦言)입니다.

오랜 세월 많은 사람들과 부딪치며 살다보면 많은 것을 경험하게 되고, 그로인해 새로운 인생관에 눈뜨게 됩니다. 카네기 또한 많은 시행착오를 겪으면서 성공의 길이 이르렀던 것입니다. 그런 가운데 터득했던 말이라서 더욱 의미심장하게 다가오는군요.

우리의 10대들은 멀리서 행복을 찾기 전에 자신 가까이에서 행복을 발견하는 현명함을 가져야하겠습니다.

❋ 사람들은 자기 손에 행복을 쥐고 있으면서도 먼 곳에서 행복을 찾으려고 하지요. 가까이에 있는 것은 행복이 아니라고 생각하기 때문이지요. 가끔은 자신 주변을 살펴보세요. 나를 행복하게 하는 것들이 무엇인가를.

# 참된 행복

사람들은 자기의 올바른 이성과 양심을 담기에
애쓰는 것보다는 몇 천배의 제물을 얻는 일에 머리를 쓴다.
그러나 우리의 참된 행복은
자신의 마음속에 있는 소중한 것이지
옆에 있는 물건의 소중한 것이 아니다.
_ 쇼펜하우어

재물과 양심, 어느 쪽이 더 매력적인가? 라는 질문에 당신은 무슨 답변을 하겠는지요. 재물? 양심? 참 어려운 문제이군요.

이에 대해 "나는 누가 뭐래도 재물이야. 재물처럼 나를 잡아끄는 것은 없지."하고 말 하는 쪽과 "그래도 나는 양심을 택하겠어." 하는 쪽과 "나는 둘 다 포기할 수 없어." 하는 쪽으로 패가 갈릴 것입니다.

그런데 여기서 더 인간다운 답변은 속물근성을 그대로 드러내는 '재물'이 아닐까 합니다.

왜 그럴까요? 인간은 자신과 공감하는 사람이나 그 대상에 더 관심을 갖기 때문이지요. 그러나 쇼펜하우어는 "우리의 참된 행복은 자신의 마음 속에 있는 소중한 것이지 옆에 있는 물건의 소중한 것이 아니다." 라고 단호하게 말합니다.

쇼펜하우어의 말은 그래도 재물 보다는 깨끗한 마음의 모럴인 '양심'이 더 가치 있는 인간이라는 것이지요. 즉 마음의 행복을 구하라는 것입니다. 범인(凡人) 들에겐 참 어려운 문제이지요. 하지만 선택은 각자의 몫이랍니다.

❋ 돈, 빌딩, 땅, 증권, 권세, 명예 등 외형적인 것에서 얻는 만족감은 매우 크지요. 그러나 외형적인 만족감은 그것이 사라지는 순간 깨지고 말지요. 하지만 사랑, 배려, 우정, 감사 등 마음 속에 있는 것에서 오는 만족감은 늘 변함없이 행복을 선물하지요.

# 웃음에서 오는 행복

행복해서 웃는 것이 아니라
웃어서 행복한 것이다.
_ 윌리엄 제임스

✿

미국의 심리학자 윌리엄 제임스.

그는 말하기를 "행복해서 웃는 것이 아니라 웃어서 행복한 것이다." 라고 했습니다. 매우 적절하고 멋진 표현이 아닐 수 없습니다.

대개의 사람들은 행복해야만 웃는 다고 생각하는 것 같습니다.

그렇습니다. 행복하면 가만히 있어도 웃음이 나오지요. 행복은 사람 마음을 충만하게 하고 긍정적으로 만듭니다. 또한 매사에 너그러워지고 관대해지게 합니다.

윌리엄 제임스는 행복해야만 웃지 말고 웃어서 행복하라고 말합니다. 이는 행복해지기 위해서는 적극적인 자세를 가지라는 말이지요.

행복도 행복해지려고 노력하는 자를 좋아합니다. 가만히 있는데 저절로 행복해지는 경우는 없습니다. 웃으면 복이 온다는 말처럼 우리의 10대들도 자신이 행복해지길 원한다면 먼저 웃으세요. 진정으로 웃는 자가 행복한 사람이니까요.

✽ 행복해서 웃는 것은 그 순간뿐이지만, 웃어서 얻는 행복은 웃을 때 마다 행복을 주지요. 그러므로 행복 하고 싶다면 많이 웃어야 합니다. 웃으면 건강에도 좋고 보기에도 좋지요. 웃음은 행복을 낳는 거위랍니다.

Part 03

# 누구나 성공을 꿈꾼다,
# 반드시 성공하라

# 목표가 주어지면
# 즉시 실천하라

목표가 있어도 머뭇거리면 아무것도 얻을 수 없다.
목표가 주어지면
실천해야 그 어떤 것이든 취할 수 있는 것이다.
_ 토머스 J. 빌로드

목표가 아무리 좋아도 주저하고 머뭇거리면 그 어떤 일도 이룰 수 없습니다. 실천이 따르지 않는데 어떻게 결과를 바랄 수 있을까요.

미국의 제42-43대 재선 대통령 빌 클린턴. 그가 대통령이 되고 싶은 꿈을 갖게 된 동기는 고등학교 시절 존 F. 케네디 대통령을 만나고 나서부터입니다.

미국에는 전국에서 뽑힌 우수한 학생들에게 대통령 표창장을 수여하는 제도가 있습니다. 빌 클린턴은 바로 이 자리에서 그가 우상으로 섬기던 존 F. 케네디 대통령과 만나는 영광을 누리게 되었던 것이지요.

빌 클린턴은 존 F. 케네디 대통령을 만난 이후 더욱 대통령이 되겠다는 야망을 가슴에 꼭꼭 품어두고 날마다 그의 행동을 따라서 실천했습니다. 그에겐 머뭇거림이나 주저함이 없었지요. 그에겐 오직 실천적 도전정신만이 있었습니다. 그 결과 빌 클린턴은 존 F. 케네디처럼 40대에 미국대통령에 당당하게 당선되었고, 그것도 재선에 성공한 대통령이 되는 영광을 누렸습니다.

우리의 10대들도 자신의 목표를 이루고 싶다면 절대 머뭇거리지 마세요. 실천해야 무엇이든 가질 수 있고 이룰 수 있는 것이니까요.

✿ 해야 할 일을 산더미처럼 쌓아두고도 머뭇거리는 사람들이 있습니다. 말로는 해야 하는데, 하면서도 실천을 하지 못하지요. 이런 자세를 갖고는 아무것도 할 수 없지요. 목표를 이루고 싶다면 절대 머뭇거리지 말기 바랍니다.

# 실행하는 사람

승자와 패자를 가르는 단 한 가지는
승자는 실행하는 사람이라는 것이다.
_ 앤서니 로빈스

✽

자신의 인생을 승리로 이끌어 내기 위해서는 실행하는 일에 익숙해져야 합니다. 실행하지 않는 데 무슨 결과를 기대할 수 있을까요. 어떤 결과를 얻기 위해서는 계획을 세우고 그 계획에 따라 움직여야 합니다.

아무리 계획이 특별하고 훌륭하다고 해서 그것만으로 계획을 달성할 수 있는 것은 아니지요. 계획한 것을 성사시키기 위해서는 차근차근 과정을 거쳐해 나가야 합니다. 과정을 거치는 동안 일의 성사여부가 결정되어지는 것이지요. 이 과정 하나하나를 실행이라고 합니다.

평생 동안 사과가 먹고 싶다면 사과나무를 심어야 하고, 배가 먹고 싶다면 배나무를 심어야 하겠지요. 그리고 거름을 주고 병충해를 막아주고 나무가 잘 자라나도록 정성껏 보살펴주어야 합니다. 이와 마찬가지로 자기가 목표로 하는 것은 무슨 일이든 직접 해봐야 합니다. 그래야 더 보람 있고 성취감을 갖게 하지요.

앤서니 로빈슨은 인생의 승자와 패자를 실행하느냐 하지 않느냐로 결정한다고 말했습니다. 그리고 실행하는 사람이 승자라고 했지요.

그렇습니다. 그의 말은 가장 기본적이면서도 가장 현명한 충언임을 잊지 마십시오.

✽ 무슨 일에 있어 승리하기를 원한다면 실행해야 합니다. 아무리 목표가 멋지고 풍성해도 실행하지 않으면 그림의 떡이지요. 백 마디 말보다 하나의 실행이 더욱 중요합니다. 실행 없이 되는 것은 아무 것도 없으니까요.

# 성공의 비결

기회가 왔을 때 받아들일 준비가 되어 있는 것,
그것이 바로 성공의 비결이다.
_ 벤저민 디즈레일리

기회는 항상 오는 것이 아닙니다. 인생에 있어 세 번의 기회가 온다는 말이 있는 것을 보면, 기회란 잡기가 매우 힘든 인생의 과제라는 것을 알 수 있습니다. 이 세 번의 기회는 자신의 인생을 획기적으로 변화시키는 크고도 귀한 성공의 원천이지요. 그런데 많은 사람들이 그 기회를 놓치고 살고 있습니다. 언제 기회가 왔다갔는지도 모르게 기회는 그렇게 지나가기도 하고요.

그러면 왜 기회를 놓치고 사는 걸까요. 그것은 그 기회를 잡을 준비가 되어있지 않았기 때문이지요. 무언가를 이루고 싶은 사람들에게 꿈이 되는 사람들의 공통점은 언제나 기회를 잡을 준비를 게을리 하지 않는 다는 것입니다. 끊임없이 노력하고 준비하는 것이야 말로 성공의 비결이라는 걸 잘 아는 까닭이지요.

노벨문학상 수상작가인 미국의 대문호 어니스트 헤밍웨이는 자신의 성공에 대해 말하기를 자신은 우연히 성공한 것이 아니라고 했습니다. 성공하기 위해 피나는 노력을 했고, 그 결과 지금의 자신이 되게 했다고 말했지요. 그 역시 성공의 기회를 잡기 위해 평소에 준비를 철저히 잘 했다는 것을 알 수 있습니다.

성공하고 싶다면 기회를 잡아야 합니다. 그러나 더 먼저 해야 할 일은 기회를 잡기 위해서는 철저하게 준비하기 바랍니다.

❋ 사람에게는 일평생 세 번의 기회가 온다고 하지요. 그런데 언제 왔다갔는지 모르는 경우가 태반이지요. 기회는 온다고 예고하고 오는 것이 아니라, 무언가를 열심히 하는 가운데 오는 것이지요. 열심히 하는 것 그것이 기회를 잡는 최선의 방책이지요.

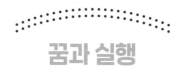

# 꿈과 실행

무엇이든 꿈 꿀 수 있다면
그것을 실행하는 것 역시 가능하다.
_ 월트 디즈니

✿

어린 시절 월트 디즈니는 가난한 집을 도와 힘들게 일을 하면서 보내야 만했습니다. 그런데 그에게 유일한 낙이 있었지요. 그것은 석탄조각으로 가축을 그리는 일이었습니다. 그 중에서도 특히 생쥐 그리는 것을 좋아했지요. 그는 그림을 그리며 가난한 어린 시절을 보냈습니다.

그리고 청년이 되어서는 광고대행사 일을 하며 만화에 관심을 기울였습니다. 그것도 움직이는 만화에 관심이 많았지요. 그는 매일 늦게 까지 일에 몰두 했고, 열심히 노력하였습니다.

그러던 중 작업실을 오가는 생쥐를 보고 생쥐 그림을 그리기 시작했지요. 아주 깜찍하고 예쁜 생쥐 그림이 완성되었지요. 그는 미키마우스라는 이름을 붙였습니다. 그런데 이것이 그에게 성공이란 큰 선물을 안겨주었던 것입니다. 미키마우스는 옷, 장난감, 문구, 가방 등의 상표로 널리 쓰였고, 그에게 부와 명성을 가져다주었지요. 미키마우스는 독특한 캐릭터로 세계적 브랜드가 되었고 지금도 그 명성엔 변함이 없습니다.

월트 디즈니는 "무엇이든 꿈 꿀 수 있다면 그것을 실행하는 것 역시 가능하다."고 말했지요. 그는 자신의 말대로 최선의 노력을 다한 끝에 인류사에 자신의 족적을 깊이 새겼답니다.

꿈을 이루고 싶다면 자신의 목표를 향해 쉬지 말고 실행하는 10대가 되기 바랍니다.

✿ 꿈과 실행은 함께 하는 친구와 같지요. 꿈이 있어도 실행이 따라야 좋은 결과를 이루어 낼 수 있고, 덮어놓고 실행을 하는 것보다는 꿈에 따라 실행해야 효과적인 결과를 이루게 되니까요. 꿈과 실행은 반드시 함께 해야 합니다.

# 꿈꾸는 대로 살아라

꿈을 향해 담대하게 나아가라.
자신이 상상하는 대로 그 삶을 살아라.
_ 헨리 데이비드 소로

＊

우리의 10대들은 꿈의 설계도를 갖고 있나요?

만일 그렇지 않다면 지금 당장 꿈의 설계도를 그리세요. 누군가에게 의존하지 말고 자신이 직접 꿈의 설계도를 그리세요. 설계도에 따라 초고층 빌딩을 짓고, 인천대교 같은 거대한 다리를 놓고, 거대한 항공모함 레이건호도 건조하는 것입니다.

설계도가 없다면 그 어느 것도 할 수 없습니다.

사람은 누구나 자신의 인생의 주인공입니다. 그런데 어떤 사람은 화려한 주인공으로 사는데, 어떤 사람은 초라함 그 자체이지요.

그 무엇이 이런 결과를 낳는 것일까요. 그것은 꿈의 설계도가 있느냐 없느냐의 문제이지요. 그리고 더 큰 문제는 설계도에 따라 꿈의 빌딩을 지었느냐 하는 것입니다.

꿈을 이루려면 꿈꾸는 대로 행동해야합니다.

"꿈을 향해 담대하게 나아가라. 자신이 상상하는 대로 그 삶을 살아라."

그렇습니다. 자신이 상상하는 대로 그 삶을 살아야 한답니다. 그래서 소로의 말은 강한 설득력이 있는 것이랍니다.

＊ 괴테는 "꿈꾸는 대로 이루어진다."고 말했지요. 그렇습니다. 모든 것은 꿈꾸는 대로 이루어지지요. 88서울 올림픽도, 2002년 월드컵도 모두 꿈꾸는 대로 이루어졌지요. 꿈을 꾸세요. 자신이 이루고 싶은 그 꿈을 날마다 꿈꾸고 힘차게 나아가기 바랍니다.

# 지금 당장 시작하라

인생을 바꾸려면
지금 당장 시작하여 눈부시게 실행하라.
결코 예외는 없다.
_ 윌리엄 제임스

✿

각자의 인생은 각자의 몫입니다. 자기 대신 살아줄 사람 어디에도 없습니다. 힘들고 어려워도, 괴롭고 고통스러워도 자신의 인생은 자신이 만들어야 하지요.

모든 것이 그러하듯이 가만히 있는데 저절로 되는 것은 아무것도 없습니다. 무언가를 얻으려면 무언가를 해야 합니다.

미국의 심리학자 윌리엄 제임스는 "인생을 바꾸려면 지금 당장 시작하여 눈부시게 실행하라."고 했지요.

눈부시게 실행하라는 말은 무슨 뜻일까요?

그것은 부지런히 최선을 다하여 실천해 나아가라는 말이지요. 삶은 자신이 한 것만큼 꼭 그만큼만 되돌려준답니다. 그 이상은 잘 주지 않습니다.

그런데도 생각만 하고 머뭇거리고 주저 하겠는지요.

생각만하다 끝내는 10대가 되지 마세요. 지금 당장 시작하세요. 반드시 그것을 실행에 옮기는 현명한 자가 되어야 합니다.

현자는 지식이 풍부한 사람이 아닙니다. 현자란 현실을 바르게 직시하는 눈을 가진 지혜로운 사람이랍니다.

✿ 무슨 일을 하는데 있어 생각만 하다가 마는 경우가 많습니다. 왜냐하면 성공에 대한 확신이 들지 않거나 실천력이 약해서지요. 자신의 목표를 손에 쥐고 싶다면, 지금 당장 강력하게 실행하세요. 실행은 성공의 씨앗이니까요.

# 위대한 업적을 이루는 법

인간의 위대한 업적들은 아이디어를 열정으로,
그리고 행동으로 옮긴 결과였다.
_ 토머스 J. 왓슨

✽

IBM창업자 토마스 J. 왓슨.

그는 컴퓨터 혁명을 이끈 불세출의 CEO 이지요. 그가 1960년대에 컴퓨터 개발을 꿈꾸고 도전장을 내밀었을 때, 많은 사람들은 그를 무모한 사람이라고 손가락질을 하며 비아냥거렸습니다. 그도 그럴 수밖에 없었던 것은 컴퓨터 개발에는 수백만 달러를 투자해야만 했기 때문이지요. 이 돈은 그 당시로써는 어마어마한 돈이었습니다. 그런데 이 큰 돈을 확실한 성공도 보장 되지 않은 사업에 투자한다고 하니, 다들 그를 정신이 이상해진 게 아니냐는 식으로 바라보았던 것이지요.

그러나 그의 생각은 달랐습니다. 에디슨이 멍청할만큼 무모해 보이는 연구를 통해 성공을 이끌어냈듯이 왓슨 또한 모든 것을 감내해야 했습니다. 그는 자신의 아이디어에 대해 할 수 있다는 신념으로 모든 걸 걸고 연구에 박차를 가했지요. 그러자 연구 결과가 서서히 나타나기 시작했습니다. 그리고는 마침내 360기종 컴퓨터를 만들어내는데 성공하였지요.

우리의 10대들은 그것이 무엇이든 성공하고 싶다면 확실한 아이디어를 끌어내세요. 그리고 뜨거운 열정으로 실천하세요. 그러면 반드시 성공할 수 있을 것입니다.

✽ 현대는 아이디어 전쟁시대입니다. 좋은 아이디어가 수만 내지 수백만명을 먹여 살립니다. 그러나 아무리 아이디어가 좋아도 그것을 현실로 만드는데 게으르다면 아무런 효용가치가 없지요. 뜨거운 열정으로 강하게 밀어붙여야 한답니다.

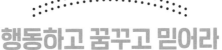

# 행동하고 꿈꾸고 믿어라

위대한 것을 성취하려면
행동할 뿐만 아니라 꿈꿔야 하며
계획할 뿐만 아니라 믿어야 한다.
_ 아나톨 프랑스

❋

미국의 정치가이자 피뢰침을 발명한 발명가로서 미국 국민이 가장 존경하는 대표적 인물 중 한 사람인 벤저민 프랭클린.

그는 집이 가난해서 초등학교도 겨우 1년 밖에 다니지 못했습니다. 집안 일을 거들어야 했기 때문이지요. 그는 힘들게 어린 시절을 보내야만 했습니다.

그러나 그의 가슴속에선 꿈이 자라고 있었지요. 무언가를 이루고 싶은 간절한 열망, 그 간절한 열망은 그의 마음속에서 잠자고 있는 모험심을 끝없이 자극시켰습니다. 프랭클린은 열정적인 욕망과 모험심으로 피뢰침을 발명함으로써 위대한 발명가로 우뚝 서게 되었지요.

프랭클린은 거기에 만족하지 않았습니다. 그는 더 나아가 국가를 위해 자신이 해야 할 일에 대해 모험을 시도했습니다. 그는 미국과 프랑스의 동맹을 이끌어 내고 프랑스로부터 재정적 지원을 받는 일을 성사시켰지요. 그리고 미국을 세계 속의 강대국으로 만드는 일에 모험을 걸었습니다. 바로 미국을 과학의 나라로 만드는 거였지요. 그는 미국의 젊은이들에게 프랑스의 과학을 배우게 하고 프랑스 기술자와 과학자들을 미국으로 오게 하여 그들의 축적된 과학기술을 배우며 미국을 과학의 선진국으로 만들었습니다.

"위대한 것을 성취하려면 행동할 뿐만 아니라 꿈꿔야 하며 계획할 뿐만 아니라 믿어야 한다."는 아나톨 프랑스의 말처럼 프랭클린의 모험적 결행은 오늘의 미국을 있게 한 원동력이 되었지요.

자신이 무언가를 이루고 싶다면 프랭클린이 그랬던 것처럼 꿈꾸고 행동하고 믿어야 합니다.

✿ 무언가를 이루고 싶은 간절한 열망, 그 간절한 열망이 무언가를 이루게 하지요. 성공한 사람들의 공통점은 무언가를 간절히 원하고, 그것을 이뤄냈다는 것이요. 열망이 간절하면 샘솟듯이 에너지가 넘쳐나니까요.

# 성공의 첫 번째 비결

*사람들은 할 수 있다고 생각하기 시작할 때라야*
*가장 비범한 모습을 보이게 된다.*
*자기 자신을 믿을 때*
*성공의 첫 번째 비결을 갖게 되는 것이다.*
*_노먼 V. 필*

❋

21세기 세계 오페라계의 대표적인 선두주자인 체칠리아 바르톨리.

그녀는 이탈리아 로마에서 태어났습니다. 그녀의 부모는 로마 오페라 단원이었습니다. 그녀 어머니는 바르톨리에게 노래를 가르쳤지요. 바르톨리는 어머니가 가르쳐주는 대로 열심히 노래를 불렀습니다.

"우리 딸 노래 참 잘하는데."

"정말요?"

"응. 지금처럼 열심히 하면 훌륭한 오페라가수가 될 거야."

"엄마, 이제부터는 더 열심히 노래할게요."

"그래야지. 엄마는 우리 딸이 열심히 잘할 거라고 믿어."

"네, 엄마."

어머니의 말을 듣고 바르톨리는 두 주먹을 힘껏 쥐었습니다. 그러자 자신감이 샘물처럼 막 솟아났습니다.

어머니의 칭찬에 바르톨리에게는 꿈이 생겼습니다. 세계에서 최고의 오페라가수가 되는 것이었지요.

바르톨리는 10대가 되면서 자신의 꿈을 이루기 위해 희망을 품고 노력에 노력을 다했습니다. 물론 힘들고 어려운 점도 많았지요. 어떤 때는 정말 내가 잘해낼 수 있을까, 하며 미래에 대한 불안한 마음도 들었습니다.

그러나 바르톨리는 그 때마다 자신을 믿고 참고 견디어 냈지요.

그러던 어느 날 바르톨리에게 기회가 찾아왔습니다. 그녀 나이 19세 때인 1985년 바리톤 레오 누치와 함께 텔레비전 쇼에서 노래를 부르게 되었지요. 그녀는 이 무대에서 자신의 실력을 유감없이 보여주었습니다.

"바르톨리 말야, 노래 정말 잘 한다."

"그래. 훌륭한 오페라가수로서의 재능을 갖췄어."

"분명히 말하지만, 앞으로 크게 성공할 거야."

사람들은 그녀의 노래를 듣고 크게 감동하여 말했습니다. 그로인해 그녀가 오페라가수로서의 충분한 가능성을 인정받는 계기가 되었답니다.

바르톨리는 오페라 작곡가인 로시니가 작곡한 〈세비야의 이발사〉의 로시나와 〈라 체네렌톨라〉의 타이틀 롤과 모차르트의 〈피가로 결혼〉의 케루비노와 〈코시 판 투테〉의 도라벨리의 역을 맡아 열연을 했습니다. 그녀는 메조소프라노임에도 불구하고 소프라노가 맡는 역인 모차르트의 〈돈 조반니〉의 체를리나와 〈코시 판 투테〉의 데스피나도 맡아 자신의 실력을 맘껏 보여주며 세계적인 오페라가수로 우뚝 서게 되었지요.

바르톨리가 세계적인 오페라가수로 성공한 것은 끊임없는 노력과 자신을 믿고 자신을 잘 관리했기 때문입니다.

❋ 성공하고 싶다면 끊임없이 자신을 믿고 실행하세요. 자신을 믿는 것, 그리고 꾸준히 실천하는 것 이 두 가지가 성공의 첫 번째 비결입니다.

# 자신을 성공한
# 인물로 생각하라

성공은 마음가짐의 문제다. 성공을 원한다면
먼저 자신을 성공한 인물로 생각하라.
_ 조이스 브러다스

❋

성공은 누구에게나 꿈이지요. 그러나 그 꿈을 이루는 사람보다 이루지
못하는 사람이 훨씬 더 많습니다. 그만큼 성공의 꿈을 이루는 것이 힘들
다는 얘기지요. 왜냐하면 꿈을 이루기 위해서는 뜨거운 열정과 피나는
노력이 따라야 하는데, 그렇게 한다는 것이 매우 힘들기 때문이니까요.

그런데 어려운 형편 속에서도 최선의 노력을 다한 끝에 성공한 이가
있습니다. 이에 대한 이야기입니다.

성공한 여성의 세계적인 대명사가 된 오프라 윈프리.

그녀는 미국 최초의 흑인 앵커이자 '오프라 윈프리 쇼'의 진행자로 맹
활약하며 미국인들의 인기를 한 몸에 받았습니다. 또한 그녀는 엄청난
부와 명예를 누리며 미국 젊은 여성들의 존경을 받는 희망의 롤 모델이
지요.

그녀는 '에이미상'을 비롯해 영화 〈컬러 퍼플〉에 출연하여 '골든 글러브
상'을 받았고, 미국 '아카데미' 여우조연상을 수상했습니다. 그리고 역경
을 극복하고 자신의 분야에서 지도자로서 성공한 이들에게 시상하는 '호
레쇼 알저 상'을 수상했지요. 뿐만 아니라 1998년에는 힐러리 클린턴에
이어 미국에서 가장 영향력 있는 여성 2위에 뽑혔고, 2007년, 2008년 연
속으로 미국 경제잡지인 〈포브스〉가 선정하는 '세계의 가장 영향력 있는
유명인사 100인' 중 1위를 차지하였습니다.

오프라 윈프리는 그런 공로를 인정받아 워싱턴의 흑인대학인 하워드
대학으로부터 명예박사학위를 받았습니다. 이 자리에서 그녀는 "인생에
서 많은 상을 받았지만, 자기 자신에게 존중 받는 것 이상의 상은 없다.
본래 자신의 모습을 파는 노예가 되지 말아야한다."고 말했지요. 그녀의

말이 끝나자 2,200명의 졸업생과 행사장을 가득 메운 축하객 3만 명으로부터 아낌없는 박수를 받았습니다.

모든 것을 다 이룬 것 같지만 그녀의 꿈은 아직도 현재진행형입니다. 2011년 오프라 윈프리는 자신의 이름을 딴 '오르라 윈프리 네트워크(OWN)'라는 케이블방송국을 설립하고, 2012년부터는 〈오프라 넥스트 챕터〉라는 새로운 토크쇼의 진행자로 활약하고 있습니다.

이처럼 큰 성공을 거둔 오프라 윈프리지만 그녀의 어린 시절은 가난과 고통으로 얼룩졌습니다. 그녀는 마약을 하고, 임신을 하는 등 최악의 불우한 청소년 시절을 보냈지요. 하지만 그녀는 극한 상황을 극복하고 새롭게 거듭나 성공한 인생이 되었습니다. 그녀가 성공할 수 있었던 것은 스스로 성공한 자신의 모습을 꿈꾸며 열정을 쏟아 부은 결과이지요. 성공한 미래의 자신을 그려보는 것은 성공할 수 있다는 자기 암시적 효과를 줍니다.

성공은 마음가짐의 문제이지요. 우리의 10대들은 성공에 대한 열정을 품고 한 길로 나아가세요. 그것이 성공의 힘입니다.

❋ 성공한 자신의 모습을 늘 상상하세요. 그것은 생각만으로도 유쾌한 일이지요. 성공한 자신을 암시하다보면 언젠가는 반드시 현실로 나타난답니다.

# 성공의 원칙

성공을 거둔 세상의 위대한 이들은
자신의 상상력을 활용한다.
그들은 앞서서 생각하고, 머릿속에 세밀한 그림을 그리고,
그것을 토대로 꾸준히 성공을 쌓아나간다.
_ 로버트 J. 클리어

❀

세계 아이스크림의 대명사인 배스킨 라빈스의 창업자 어바인 라빈스. 그가 아이스크림의 대명사가 된 것은 1945년 제2차 세계대전이 끝나고 나서였는데 그때 그는 육군에서 막 제대를 했습니다. 그 당시 아이스크림만 파는 가게는 그 누구도 상상하지 못했는데, 그는 미국 캘리포니아 글렌데일에서 '스노버드'라는 이름의 가게를 냈던 것입니다.

그는 훗날 이에 대해 말하기를 자신은 정신나간 일을 벌이고 싶었다고 했습니다. 이는 남과 똑 같이 하지 않고 개성 있게 운영을 하고 싶었다는 말이지요.

라빈스는 매부와 동업을 하며 31가지 맛을 내는 아이스크림 개발에 열정을 쏟아 부었습니다. 그의 피나는 노력은 그가 원하는 대로 놀라운 결과를 가져다주었지요. 그의 톡톡 튀는 아이디어는 그에게 부와 명성을 안겨 주었던 것입니다.

그는 미국을 벗어나 전 세계에 자신의 꿈을 심기 시작했지요. 그 결과 전 세계에 7,500개가 넘는 매장을 거느린 아이스크림 거부가 되었습니다.

그는 앞서서 생각하고, 머릿속에 세밀한 그림을 그리고, 그것을 토대로 꾸준히 성공을 쌓아나갔던 것입니다. 즉 자신의 상상력을 적극 활용했던 것이지요. 성공의 상상력, 그것은 가장 좋은 성공조건입니다.

❀ 자신이 꿈꾸는 것을 이루고 싶다면 꿈꾼 것을 상상하십시오. 그리고 상상한 것을 그대로 실천하세요. 그것이 성공의 원칙입니다.

# 헤밍웨이의 성공법

나는 우연히 성공한 것이 아니라
꾸준한 노력으로 성공한 것이다.
_ 어니스트 헤밍웨이

❋

　미국의 노벨문학상 수상작가 헤밍웨이.

　그는 자신의 성공에 대해 묻는 이들에게 말하기를 "나는 우연히 성공한 것이 아니라 꾸준한 노력으로 성공한 것이다." 라고 했습니다. 우리는 그와 같은 대작가가 이렇게 말했다는 것에 주목할 필요가 있습니다.

　우리는 괴테나 릴케, 타고르, 세르반테스, 마가리트 미첼, 톨스토이, 섹스피어, 찰스 디킨스 같은 대가들은 뛰어난 천재성으로 성공했다고 흔히들 생각하지요. 천재성을 갖지 않고 어떻게 세계적인 인물이 될 수 있느냐는 것이지요. 이런 생각도 무리는 아닙니다. 세계적으로 큰 인물이 된다는 것이 어디 쉬운 일인가요. 하지만 세계적인 인물들은 천재성을 지닌 사람보다는 후천적인 노력으로 이뤄낸 사람들이 더 많습니다.

　대작가인 헤밍웨이는 스스로를 노력하는 사람이라고 했지요. 그의 말은 대가의 겸손한 말 쯤으로 여길 수도 있습니다. 그러나 그는 꾸준한 노력으로 성공했다고 당당하게 말했던 것입니다.

　인생에 한 방은 있을 수 있으나 우연한 성공은 없습니다. 모든 성공은 꾸준한 노력으로 이루어냈다는 것을 잊어서는 안 될 것입니다.

❋ 그 어떤 성공도 우연한 성공은 없습니다. 땀방울을 흘리는 정성이 있어야 하지요. 그런데도 인생은 한 방이라며 헛된 꿈에 빠진 사람들을 볼 수 있지요. 하루 빨리 헛된 욕망에서 빠져나와야 합니다. 인생에 한 방은 없습니다.

# 루스벨트의 성공법

돌이켜 보면 나의 생애는 일곱 번 넘어지고
여덟 번 일어났던 것이다.

_ 프랭클린 루스벨트

✽

"나는 젊었을 때 정치를 목표로 삼고 여러 가지 고충을 겪었을 뿐만 아니라 수많은 실패르 반복 했다. 그러나 나는 실패를 두려워하지 않고 그 원인을 찾아내어 노력한 끝에 대통령이 될 수 있었다. 지금 생각하면 나의 생애는 일곱 번 넘어지고, 여덟 번 일어났던 것이다."

이는 미국 대통령이었던 프랭클린 루스벨트가 한 말입니다.

미국 최초의 4선 대통령인 루스벨트도 수많은 실패와 좌절을 겪은 끝에 대통령이 될 수 있었고, 그랬기에 유능한 대통령이 되어 미국국민들의 존경과 찬사를 받는 성공한 대통령이 될 수 있었던 것이지요.

그는 자신의 성공은 수많은 고난과 실패를 거듭한 끝에 얻은 결과라는 것을 당당하게 밝힘으로써 많은 사람들에게 꿈을 주었지요. 루스벨트의 말처럼 꿈은 일순간에 이루어지지 않습니다.

그런데도 어떤 사람들은 한두 번 해보고 안 되면 이내 포기를 하고 말지요. 그래놓고 자신은 능력이 없는 사람이라고 한탄합니다. 자신의 뜻이 견고하고 의지가 굳세다면 일곱 번이 아닌 백 번인들 다시 하지 못 할 이유가 없겠지요.

자신이 진정 자신의 인생을 성공으로 이끌고 싶다면 루스벨트의 말을 가슴에 꼭꼭 품고 정진하세요. 그것이야말로 최선의 방책이랍니다.

✽ 사람들이 부러워하는 성공 중엔 수 많은 실패 끝에 이루어낸 경우가 많습니다. 미국의 루스벨트 대통령도 칠전팔기 끝에 대통령이 되었지요. 실패를 두려워하지 말고 자신의 꿈을 향해 나아가세요. 실패 없는 성공은 없습니다.

# 부지런하고,
# 포기하지 않기

성공하는 사람들은 쉼 없이 움직인다.
실수를 저지르기도 하지만 결코 포기하지 않는다.
_ 콘라드 힐튼

✽

전 세계에 250여 개의 호텔을 세워 죽어서도 호텔 왕이라고 불리는 사람 콘라드 힐튼.

그는 가난한 집에서 태어나 어린 시절은 지독한 가난의 연속이었습니다. 그는 아버지를 따라 이리저리 유랑하듯 힘겹게 살았지요. 그러던 중 31세 때 호텔 벨 보이로 새로운 삶을 시작하였지요. 그는 하루 종일 고객들의 짐을 들어주고, 비위를 맞추고, 잔심부름을 하며 팁을 받아 생활하였습니다.

하지만 그는 언제나 밝게 웃으며 자신의 일에 최선을 다했지요. 그의 가슴 속에는 푸른 희망이 싹을 틔우며 자라고 있었습니다. 그에게는 성공한 이들이 대개가 그랬듯이 세계에서 가장 크고 좋은 호텔을 소유하겠다는 꿈이 있었습니다. 그는 종이에 자신의 꿈을 적고, 미국에서 가장 큰 호텔 사진과 나란히 책상에 붙여 두었습니다.

"나는 반드시 세계에서 최고의 호텔을 경영하는 사장이 될 거야. 그래서 전 세계에 내 호텔을 지을 것이다."

힐튼은 이렇게 말하며 책상 위에 붙여 놓은 자신의 꿈을 수시로 들여다보며 미래를 그려 나갔습니다.

그는 한 치의 게으름도 허용하지 않았습니다. 게으름을 자신의 꿈을 가로막는 적으로 간주하였던 것이지요. 그는 누구보다도 열심히 자신의 길을 걸어간 끝에 모블리 호텔을 인수하게 되었습니다. 호텔 벨 보이를 시작하고 꿈을 키운지 15년 만에 이룬 성과였습니다.

"드디어 내 꿈이 이루어졌다! 이제부터는 계속 미래를 향해 나갈 것이다."

이렇게 말하는 그의 얼굴은 희망의 빛으로 가득 찼습니다. 꿈만 같은 일이었습니다. 그토록 원하던 호텔 사업을 하게 된 것입니다.

당시 모블리 호텔은 객실 수가 부족했는데, 그는 부족한 객실 수를 보완하기 위해 식당을 없애고 객실을 만들었습니다. 객실 수가 늘자 손님이 늘었고, 호텔의 수익 역시 날로 증가 했습니다. 그리고 마침내 전 세계에 250여개의 호텔을 지었습니다.

힐튼은 자신의 성공한 경험을 통해 다음과 같이 말했지요.

"성공하는 사람들은 쉼 없이 움직인다. 실수를 저지르기도 하지만 결코 포기하지 않는다."

힐튼이 어려운 현실을 개의치 않고 씩씩하게 나 갈 수 있었던 것은 그에겐 꿈이 있었기 때문입니다. 그렇습니다. 꿈이 있다는 것은 행복한 일이지요. 꿈이 있는 사람은 배가 고파도 참아낼 수 있고, 설령 좌절하는 일이 있어도 견디어 낼 수 있습니다. 꿈은 미래를 바라보고 나가게 하는 '희망의 등불'이니까요.

우리의 10대들도 성공적인 인생이 되고 싶다면 콘라드 힐튼의 말을 잊지 말고 실행에 옮기세요. 그리고 실패가 따르고 실수가 따르더라도 절대 포기하지 말기 바랍니다.

✽ 흐르는 물은 생명을 품고 있지요. 이와 마찬가지로 끊임없이 노력하는 사람은 성공을 품고 있지요. 성공, 성공은 노력에서 오는 기쁨의 열매입니다.

# 안 되면 되게 하라

길이 없으면 길을 찾고
찾아도 없으면 길을 만들며 나가면 된다.
_ 정주영

✳

대한민국 건국 이래 맨주먹으로 대한민국의 경제 역사를 새롭게 쓰며 기적을 이뤄낸 가장 독보적이며 가장 위대한 업적을 남긴 정주영.

그는 강원도 통천의 가난한 시골에서 태어났습니다. 그는 가난이 싫어 고향을 떠나 혈혈단신으로 매서운 현실에 당당히 맞섰지요. 세상의 그 어느 것 하나라도 그를 위해 준비된 것은 없었습니다. 그는 오직 혼자였고 빈털터리 이었으며 외로운 존재였지요.

그러나 그의 가슴 속에는 가난을 물리치고 성공해야겠다는 강한 신념이 불꽃으로 활활 타고 있었습니다. 그렇게 마음먹자 못할 것이 없었습니다. 그는 무엇이든 닥치는 대로 하기로 했지요. 아니, 반드시 해야만 했습니다. 그것이 그가 정다운 가족과 고향을 떠나온 이유며 목표였으니까요.

그가 처음으로 한 일은 부두 막노동입니다. 어린 시절부터 농사일로 다져진 그에게도 막노동은 힘든 일이었지요. 하지만 그는 이를 악물고 했습니다. 그에겐 이루고 싶은 꿈이 있었기 때문입니다.

막노동꾼을 벗어난 그는 쌀가게 배달부를 거쳐 쌀가게 주인으로, 자동차 수리업자로 그리고 건설업을 하며 정직과 신용으로, 경제적 발판을 마련하며 우리나라 최대기업인 현대그룹 CEO가 되었습니다. 그 뿐만이 아니라 우리나라 경제계에서 최고의 수장인 전국경제인연합회 회장을 무려 다섯 번이나 연임을 한 우리나라 경제계의 전무후무한 전설이지요.

그가 맨주먹으로 이룬 성공신화의 비결은 "길이 없으면 길을 찾고 찾아도 없으면 길을 만들며 나가면 된다."는 적극적이고 식을 줄 모르는 열정이었습니다. 또한 창의적이고 진보적인 인생관이었지요. 그는 인생경영

및 기업경영에 관한한 최고의 승부사였습니다.

✽ 자신의 인생을 성공으로 남기고 싶다면, 낙관적으로 생각하고 적극적으로 행동하십시오. 그리고 실패를 믿지 말고 오직 성공만 생각하기 바랍니다.

# 자신이 닮고 싶은
# 사람을 벤치마킹하라

누구나 중요한 사람이 되고 싶은 열망을 가지고 있다.
자신이 중요한 사람이 되고 싶다면
자신이 닮고 싶은 성공한 인생을 벤치마킹하라.
그것처럼 확실한 교과서는 없다.
_ 김옥림

사람은 누구나 중요한 사람이 되고 싶어 합니다. VIP(very important person)가 되고 싶은 것은 누구나 갖는 소망이지요. 하지만 중요한 사람은 누구나 되는 것은 아닙니다. 중요한 사람이 되기 위해서는 그에 맞게 상상하고 행동하는 노력이 따라야 합니다.

인류 역사상 최고의 과학자라는 평가를 받는 아인슈타인.

그가 위대한 과학자가 될 수 있었던 것은 그가 존경하는 뉴턴의 영향이 컸습니다. 그는 뉴턴처럼 되고 싶어 노력한 결과 뉴턴을 능가하는 과학자가 되었지요. 그리고 루소를 존경했던 톨스토이는 루소를 능가하는 위대한 작가가 되었습니다.

인류역사에서 성공한 사람들은 대개 자신이 존경하는 인물을 벤치마킹하고, 뜨거운 열정으로 최선을 다해 노력한 결과 자신의 롤 모델을 능가한 위대한 인물이 되었던 겁니다. 또한 그들은 자신을 존경하는 사람들의 롤 모델이 되었지요.

그 어느 것 하나라도 노력 없이 되는 것은 없습니다.

우리의 10대들도 중요한 사람이 되고 싶다면 자신이 닮고 싶은 성공한 인생을 벤치마킹하세요. 그것처럼 확실한 인생교과서는 없으니까요.

❋ 자신이 닮고 싶은 성공한 인생을 롤 모델로 삼으세요. 그들은 이미 검증받은 삶이므로 자신의 인생교과서로 삼으세요. 그리고 그들이 했던 것을 열심히 따라서 해보세요. 따라서 하는 것만으로도 많은 유익을 얻을 것입니다.

# 승자와 패자

승자는 눈을 밟아 길을 만들지만
패자는 눈이 녹기를 끊임없이 기다리고 기다린다.
_ 탈무드

✽

승자와 패자에겐 몇 가지 대비되는 특징이 있습니다.

승자는 첫째, 무슨 일이든 낙관적이고 긍정적으로 생각합니다. 둘째, 성공을 예감하고 일을 시작합니다. 셋째, 길이 없으면 길을 찾고 찾아도 없으면 길을 만들어서 갔습니다. 넷째, 창의적인 상상력을 가졌습니다.

반면에 패자는 첫째, 무슨 일이든 비관적이고 부정적으로 생각하지요. 둘째, 성공을 예감하기보단 되는 대로 일을 시작합니다. 셋째, 길이 없으면 갈 생각을 아예 하지 않습니다. 넷째, 고정관념에 사로잡혀 변화를 두려워합니다.

"승자는 눈을 밟아 길을 만들지만 패자는 눈이 녹기를 끊임없이 기다리고 기다린다."

이는 《탈무드》에 나오는 말인데 능동적이고 적극적인 생각과 부정적이고 소극적인 생각의 차이를 확실하게 보여주는군요.

이 말은 인생의 좌우명으로 삼아도 조금도 손색이 없는 훌륭한 삶의 지침입니다.

우리 10대들이 이 말대로 실천할 수 있다면 분명히 자신이 추구하는 이상과 목표를 이뤄낼 수 있을 것입니다.

✽ 승자는 어떤 환경에서도 불만을 말하지 않습니다. 오히려 그것을 긍정의 에너지로 삼지요. 그러나 패자는 좋은 환경 속에서도 부정적으로 생각하지요. 승자와 패자, 그것은 마음가짐의 문제에서 오는 결과이지요.

# 쉬지 말고 가라

어느 분야에서든 성공한 사람들은
모두 하나같이
쉬지 않고 부지런히 자신이 뜻하는 바를 향해
걸어갔던 사람들이다.
_ 노만 V. 필

❋

제2차 세계대전을 승리로 이끌고 영국의 영웅이 된 윈스턴 처칠.

그는 부유한 귀족 출신이었지만 좋은 환경 속에서도 공부를 잘하는 편이 아니었습니다. 그는 귀족들의 자녀가 가는 옥스퍼드나 케임브리지 같은 명문대학과는 거리가 멀었지요. 그는 3수만에 영국 육군사관학교에 간신히 들어갔습니다. 하지만 그에겐 공부 외적인 뛰어난 것들이 있었습니다. 그는 독서를 좋아했고, 말을 잘 했고, 리더십이 뛰어났지요. 이런 장점들은 그가 성공적인 인물이 되는데 결정적인 역할을 했습니다.

그는 자신이 지향하는 목표가 결정되면 쉬지 않고 전심전력을 다 했습니다. 그는 그것이야 말로 자신이 세운 목표를 이루는 길이라고 믿었지요. 그는 자신의 소신대로 하나씩 하나씩 시도해 나갔습니다. 그 결과 두 번이나 영국 수상을 역임했고《제2차 세계대전 회고록》을 써서 문학가가 아니면서 노벨문학상을 수상하는 전무후무한 기록을 남겼습니다.

쉬지 말고 걸어가세요. 그리고 매사에 전심전력을 다하세요. 이것이 처칠의 성공비결입니다.

우리 10대들도 인생의 주인공이 되고 싶을 것입니다. 그렇다면 처칠이 그랬던 것처럼 쉬지 말고 노력하세요. 성공은 그런 자에게 자신을 선물로 내어준답니다.

✽ 자신의 인생을 성공적으로 산 사람들의 공통점은 자신의 목표를 향해 쉬지 않고 갔지요. 가다 보면 수시로 포기하고 싶을 때도 있지요. 그러나 그들은 끝까지 참고 갔지요. 성공적인 인생이 되고 싶다면 쉬지 말고 가야 합니다.

# 꿈을 이루는 비결

꿈꿔라,
꿈 꿀 수 있는 것은 무엇이든 이룰 수 있다.
_ 괴테

✳

　동서고금을 막론하고 성공한 사람들의 공통점은 이루고 싶은 강인한 꿈을 마음 속에 품고, 꿈이 이루어질 때까지 꾸준한 노력을 아끼지 않았습니다. 한 번도 자신의 꿈을 마음으로부터 떠나보낸 적이 없었지요.

　아메리카 원주민들은 비가 오지 않으면 예로부터 기우제를 지냈습니다. 그런데 놀랍게도 기우제를 지내면 비가 온 확률은 백 퍼센트라도 합니다.

　왜 그럴까요?

　그들이 믿는 신이 능력이 많아서 일까요, 아니면 아메리카 원주민들에게 무슨 특별한 기도법이라도 있는 걸까요. 하지만 둘 다 절대 아닙니다. 우스운 얘기 같지만 아메리카 원주민들은 비가 내릴 까지 기우제를 지낸다고 하는군요. 그러니 어찌 비가 안 오고 배기겠는지요.

　어찌 보면 웃고 넘어 갈 일이지만 이 이야기 속엔 깊은 진실이 있음을 알아야 합니다. 그것은 바로 자신이 원하는 것을 얻기 위해서는 끝까지 열정을 바쳐야 한다는 것입니다.

　괴테가 한 말은 표현은 다르지만 요점은 꿈을 꾸되, 꿈을 이룰 때 까지 계속 실천하라는 것임을 잊지 말기 바랍니다.

✿ 사람은 누구나 꿈이 있지요. 그러나 그 꿈을 이루는 사람은 그다지 많지 않습니다. 꿈을 이룬다는 것이 그만큼 어렵다는 것이지요. 하지만 괴테의 말처럼 꿈꾸면 무엇이든 이룰 수 있지요. 단 철저한 실천력이 함께 해야 한답니다.

# 간절하게 상상하고
# 생생하게 꿈 꿔라

스티븐 스필버그는 열두 살 때부터 자신이 아카데미 시상식에 참석해서
상을 타고 관객들에게 감사의 말을 전하는 광경을 간절하게 상상했다.
그가 그 광경을 너무도 생생하게 꿈꾸고 말했음으로 우리는
그의 소망을 잘 알고 있었다.
_ 짐 솔린버거

세계 영화계에서 전설적인 감독으로 통하는 스티븐 스필버그.

그는 쥐라기 공원, 인디아나 존스 등 만드는 작품마다 센세이션을 불러
일으키며 할리우드의 독보적인 감독이 되었습니다.

그는 영화감독이 되기 위해 할리우드를 줄기차게 찾아다니며 꿈을 키
워나갔지요. 그의 마음속엔 할리우드의 거장이 된 미래에 자신의 모습이
늘 스크린처럼 펼쳐져 있었습니다.

스필버그의 친구인 짐 솔린버거는 그가 어릴 때 가졌던 꿈을 생생히
기억하고 있습니다. 그것은 스필버그가 미래에 자신이 아카데미 시상식
에 참석해서 상을 타고 관객들에게 감사의 말을 전하는 광경을 간절하게
상상했다는 것입니다. 스필버그는 자신의 상상대로 할리우드에 입성하
는데 성공했고, 창의적인 도전정신으로 세계 최고의 영화감독이 되었습
니다.

꿈은 어떤 것이든 간절히 이루고자 하는 자에게 성공이란 선물을 반드
시 제공한답니다. 꿈이란 그런 것이니까요.

성공하고 싶다면 꿈꾸세요. 꿈을 꾸되 생생하게 상상하기 바랍니다.

✽ 자신의 꿈을 이루려면 생생하게 상상해야 합니다. 하늘을 날고 싶었던 라이트 형제는 비행기
를 조종하는 상상을 했고, 대통령이 되고 싶었던 빌 클린턴은 자신의 롤 모델인 존 F. 케네디를
상상하며 노력한 끝에 대통령이 되었답니다.

Part 04

# 긍정하라,
# 긍정 앞에 불가능은 없다

# 정상에 오른 자신을 생각하라

모든 것이 가파른 오르막처럼 느껴질 땐
정상에 올랐을 때의 풍경을 생각해보라.
_ 래리 버드

✽

산에 오르는 사람들에게 당신은 왜 힘들게 산에 오르느냐고 묻는 것처럼 멍청한 질문은 없습니다. 땀을 뻘뻘 흘리며 힘들게 산에 오르는 것은 정상에 올랐을 때 느끼는, 그 어느 것도 견줄 수 없는 뿌듯한 성취감 때문이지요.

생각해보세요.

죽음을 무릅쓰고 에베레스트 산에 오르는 수많은 알피니스트들을.

그들은 죽음 따위 겁내지 않습니다. 그들에게도 하나 뿐인 목숨인데 말입니다. 그런데도 그들이 그 험한 여정을 스스로 선택하는 것은, 그들에게 있어 그것이야말로 최고의 행복이자 보람이기 때문이지요.

우리 10대들은 자신이 계획하는 일이 제대로 안되거나 너무 힘에 버거울 때 그것을 성취했을 때를 생각하세요. 그러면 처졌던 몸과 마음이 새로운 힘을 얻게 되어 씩씩하게 앞을 향해 나아가게 됩니다.

남들이 바라고 부러워하는 것은 피나는 노력 없이 이루어진 것은 단 하나도 없답니다. 우리의 10대들도 언제나 그것을 잊지 말고 꿈을 향해 나아가기바랍니다.

✽ 자신의 목표를 이루려면 아무리 힘들고 고통스러워도 가야합니다. 가지 않으면 아무것도 이룰 수 없으니까요. 정상으로 가는 가장 확실한 비결은, 정상에 올랐을 때의 자신의 모습을 상상하며 가는 것입니다.

# 가장 확실한 것을 실천하라

우리들의 중요한 임무는 멀리 있는 것이 아니라,
희미한 것을 보는 것이 아니라,
가까이 있는 분명한 것을 실천하는 것이다.
_ 토머스 칼라일

✱

영국의 대표적 사상가인 토머스 칼라일.

그는 무언가를 이루기 위해서는 멀리 있는 것이 아니라, 희미한 것이 아니라 가까이 있는 확실한 것을 실천하라고 했습니다. 우리말에 뜬구름 잡기, 란 말이 있습니다. 이는 허황된 것에 힘을 쏟지 말라는 말이지요.

어떤 젊은이가 있었습니다. 그는 토머스 칼라일의 글을 읽고 뜨거운 열망을 느꼈습니다. 그래서 그는 자신으로부터 가까이 있는 것을 소중히 여기게 되었고, 꿈을 이루기 위해 피나는 노력을 했습니다. 그는 힘에 부치고 어려운 일이 있을 때마다 이 글귀를 떠올리며 힘든 일을 이겨나갔지요. 그의 노력은 끈질겼고 확실했고 마침내 그는 자신이 꿈꾸던 것을 이루어 냈습니다. 그는 바로 세계 최고의 의과대학인 존스홉킨스대학교를 세운 윌리엄 오슬러입니다.

평범했던 청년인 그를 열정적으로 만든 칼라일의 말은 그에겐 인생의 보석이었습니다. 이처럼 성공한 인생의 말 한 마디는 매우 중요하지요. 성공한 인생의 말은 곧 꿈이며 열정을 주는 희망의 에너지이니까요.

우리 10대들은 꿈을 이루고 싶다면 확실한 것을 정해 끝까지 실천하세요. 포기 하고 싶을 때도 있고, 현실로부터 도망치고 싶을 때도 많을 것입니다. 하지만 그럴 때일수록 더욱 노력해야 합니다. 그리하면 어른이 되어 자신 또한 멋진 인생에 주인공이 될 수 있답니다.

✱ 꿈을 이루는 가장 확실한 방법은 가장 확실한 것을 실천하는 것입니다. 아무리 꿈의 계획이 멋지고 도드라져도 실천이 따르지 않으면 무용지물이지요. 실천한다는 것은 가장 확실한 꿈을 이루는 비법입니다.

# 희망으로 가득 찬
# 사람과 교류하라

희망으로 가득 찬 사람과 교류하라.
창조적이고 낙관적인 사람과 소통하라.
긍정적이고 능동적으로 행동하라.
그리고 그런 사람을 자신의 주변에 배치하라.
_ 노만 V. 피일

✱

유유상종이란 말이 있습니다. 이는 끼리끼리 어울린다는 뜻이지요. 사람들은 누구나 자신과 비슷한 사람을 좋아하고, 그를 친구로 사귀길 원합니다. 그래서 그 사람의 주변 사람들을 보면 그 사람의 됨됨이를 알 수 있다고 하는 것이지요.

근묵자흑(近墨者黑), 근주자적(近朱者赤)이라는 말이 있습니다. 이는 검은 것을 가까이 하면 검게 되고, 붉은 것을 가까이 하면 붉게 된다는 뜻이지요.

이는 환경의 중요성을 잘 알게 해주는 말로 주변 사람들이나 친구들이 어떤 사람들이냐가 매우 중요하다는 것입니다. 왜냐하면 자주 어울리다 보면 닮게 된다는 것이지요.

옳은 말입니다. 맹자의 어머니도 맹자를 잘 가르치기 위해 세 번이나 이사를 했다는 것은 너무도 유명한 얘기지요. 그래서 생겨난 말이 맹모삼천지교(孟母三遷之敎)입니다. 이는 교육 환경의 중요성을 잘 알게 해주는 말이지요.

노만 V. 피일 박사 역시 이를 잘 간파하고 "희망으로 가득 찬 사람과 교류하라. 창조적이고 낙관적인 사람과 소통하라."고 말하고 있습니다.

그렇습니다. 사람은 누구를 만나고 누구와 교류하느냐가 매우 중요합니다.

우리 10대들은 자신의 행복과 미래를 위해 긍정적이고 창의적이고 낙관적인 사람들과 교류하기 바랍니다.

✱ 긍정적인 사람은 긍정적인 사람과 교류해야 합니다. 그래야 긍정으로 생각하고 긍정적으로 행동하니까요. 하지만 부정적인 사람과 교류하면 자신 역시 부정적인 사람이 될 수 있으므로 그런 사람은 늘 경계해야 합니다.

# 할 수 있다고 믿기

할 수 있다는 믿음을 가지면
그런 능력이 없을지라도
결국에는 할 수 있는 능력을 갖게 된다.
_마하트마 간디

✽

자유를 잃고 평화를 빼앗긴 조국과 민족을 위해 자신의 인생을 초개같이 바친 인도 독립의 아버지 마하트마 간디.

그는 부유한 귀족 가문의 아들로 태어나 부족함 없이 자라 영국에 유학하고 변호사가 된 엘리트입니다. 그런 그가 부유한 삶을 버리고 스스로를 낮추고 험난한 독립운동의 길로 뛰어든 것은, 자유와 평화의 가치를 알았기 때문입니다. 그리고 그는 그 소중한 가치를 다시 누리기 위해서는 빼앗긴 주권을 되찾아야 한다고 생각했던 것이지요.

그는 병약한 어린 시절을 보냈고 연약한 성격을 지녔지만, 자신의 결심을 굳히는 순간 완전히 다른 사람으로 변했습니다. 그는 총 칼도 두려워하지 않았고, 그 어떤 횡포와 엄포에도 기가 꺾이지 않았습니다. 그는 평화주의자답게 비폭력 무저항운동으로 일관한 끝에, 지긋지긋한 식민지 생활을 청산하고 주권을 되찾아 새로운 조국을 탄생시켰습니다.

간디가 이런 엄청난 일을 해낼 수 있었던 것은 할 수 있다는 믿음을 가지면, 결국에는 해 내는 능력을 갖게 된다는 신념 때문이었지요.

무슨 일을 할 때 확신하는 자세야 말로 최선의 능력임을 잊지 말아야 하겠습니다.

✽ 무엇을 시작할 땐 확신하고 시작하는 것이 중요합니다. 모든 것은 마음이 문제지요. 마음이 가능하다면 가하고 마음이 불가능 하다면 불가하지요. 우리 10대들은 무엇이든 시작할 땐 마음을 단단히 하고 굳건히 하기 바랍니다.

# 낙심하지 않기

나는 낙심하지 않는다.
모든 잘못된 시도는 전진을 위한
또 다른 발걸음이므로.
_ 토머스 에디슨

✽

천 가지가 넘는 발명으로 과거에도, 현재에도, 앞으로도 발명왕이라는 타이틀을 계속 유지할 수밖에 없는 에디슨. 전 인류가 오늘날과 같은 문명의 혜택을 누리며 살 수 있는 원천을 마련해 준 영원한 꿈의 빛 에디슨. 지금 우리가 사용하는 것 중 대부분은 그가 발명한 것을 새롭게 개선하고 발전시킨 것입니다. 그만큼 그가 인류에게 끼친 영향은 지대하지요.

위대한 발명가인 그는 어린 시절 담임선생님으로부터 문제아로 낙인이 찍혔고, 주변 사람들에게는 바보 취급을 당했지요. 그는 보통 사람들로서는 도저히 생각해 낼 수 없는 아이디어를 생각해 냈기 때문에, 사람들은 그를 엉뚱한 생각이나 하는 아이로 생각했던 것입니다.

그러나 에디슨은 자신의 말대로 낙심하지 않았습니다. 언젠가 자신의 진심을 알아줄 것이라고 믿었지요.

에디슨은 누가 뭐라 하던 신념을 더욱 굳건히 한 끝에, 상상을 초월하는 기적 같은 일들을 해냈던 것입니다. 낙심하지 않는 정신, 그것을 달리 말하면 불굴의 의지라고 하겠습니다.

우리 10대들은 에디슨의 불굴의 의지를 배우세요. 그러면 어떤 고난이 따르더라도 능히 해낼 수 있답니다.

✽ 낙심하는 마음은 사람을 낙오자로 만듭니다. 실패는 어디에나 있고, 어려움 없는 일은 없지요. 그러니 낙심하지 마세요. 긍정하세요. 낙심을 마음에서 멀리 쫓아내기 위해서는 긍정하고 또 긍정하기 바랍니다.

# 미래를 보는 사람

미래는 아직 확실하지 않은 가능성을
볼 줄 아는 사람들의 것이다.
_ 괴테

✱

미래는 '미래를 꿈꾸는 자들의 것이다' 라는 말이 있습니다. 이 말은 미래를 준비하고 노력하는 이들에게 미래는 빛나는 성공을 보장해 준다는 말과 같습니다. 하지만 가만히 있는 사람에게는 그가 예쁘다고 떡 하나 줄 사람은 어디에도 없습니다.

사람은 누구나 노력하고 애쓰는 사람을 도와주고 싶어 합니다. 가만히 놀면서 잘 되기를 바라는 사람에겐 관심의 눈길조차 주지 않지요.

《크리스마스 캐럴》,《올리버 트위스트》,《위대한 유산》등 수많은 작품으로 영국의 대문호가 된 찰스 디킨스.

그는 학교라고는 4년 밖에 다니지 못하고 상표 붙이는 힘든 일을 했습니다. 하지만 그는 피곤한 몸을 이끌고 꿈을 이루기 위해 글을 썼습니다. 그는 무명인 자신의 글을 반겨주는 출판사가 없어도 실망하지 않았습니다. 언젠가는 자신에게 책을 내 줄 출판사를 만나게 될 거라는 꿈을 갖고, 줄기차게 노력해 나간 끝에 결국 그는 영국 최고의 작가가 되었습니다.

그에게 책을 내준 출판사 편집장은 그의 능력을 알아보고 꿈과 미래를 선물했던 것입니다.

✿ 미래를 보는 눈을 길러야 합니다. 미래를 잘 보는 눈을 가져야 성공적인 길을 갈 수 있지요. 실패자들은 미래를 보는 눈이 어둡지만, 성공한 자들은 미래를 보는 눈이 밝고 맑습니다.

# 노력과 성공

계속 열심히 노력하면
성공은 저절로 따라온다.
_ 아놀드 슈왈제네거

이글거리는 눈, 같은 남자가 봐도 탄성이 절로 나는 멋진 근육질의 몸매, 그 어떤 위험한 상황에서도 구해줄 것처럼 느껴지는 용기 넘치는 믿음직함 이 그에 대한 느낌입니다.

터미네이터에서 보여주는 절제된 감정에서 우러나오는 휴머니즘은 또 다른 감동을 주기에 조금도 부족함이 없습니다.

그는 아메리칸 드림의 꿈을 안고 조국 오스트리아를 떠나 미국 땅을 밟은 이민자 미국인이지요. 그에게는 세 가지 꿈이 있었습니다. 첫째는 할리우드 배우가 되는 것이고 둘째는 미 명문가인 케네디가의 여인과 결혼하는 것, 셋째는 정치가가 되는 것이었습니다. 세 가지 모두 이민자인 그에게 만만한 것은 하나도 없었지요.

그는 피나는 노력 끝에 세 가지를 모두 이루고 이민자 미국인들은 물론 전 세계인에게 희망의 아이콘이 되었습니다.

자신이 꿈을 이루고 싶다면 아놀드 슈왈제네거처럼 구체적으로 계획을 세우고 조금도 게으름 없이 실천해 나아가야 합니다.

"계속 열심히 노력하면 성공은 저절로 따라온다."는 그의 말처럼 우리 10대들도 그렇게 하기바랍니다.

❋ 노력과 성공은 정다운 친구와 같습니다. 노력은 성공을 향해 다가가고 성공은 노력을 향해 다가가지요. 노력 없이는 성공 없고, 성공은 노력이 반드시 따라야 합니다. 노력과 성공은 세상에서 가장 아름다운 관계이지요.

# 불굴의 노력

이렇게 말하라.
끊임없이 노력하고
간절하게 원하면 반드시 이겨낼 수 있다.
그것을 불굴의 노력이라 말한다.
_ 리 아이아코카

✽

40대에 미국 포드자동차회사의 사장이 되어 8년 동안 최고의 자리를 지킨 리 아이아코카.

그는 사업의 흐름을 정확히 꿰뚫는 탁월한 감각과 창의력 넘치는 아이디어로 정평이 난 인물입니다.

그런 그도 별다른 이유 없이 포드로부터 해고되어 시련의 나날을 보냈습니다. 하지만 그는 꿈을 잃지 않았지요. 그는 재기를 꿈꾸던 중 미국 자동차 빅 쓰리 중 하나인 크라이슬러로사로부터 러브콜을 받았습니다. 방만한 운영과 비효율적인 인사관리로 위기에 내몰린 것을 알고도, 리 아이아코카는 크라이슬러사의 제안을 받아들여 사장이 되었지요.

그는 신속하게 크라이슬러의 문제점을 찾아내 하나씩 하나씩 해결해 나감과 동시에, 신제품 개발에 전심전력을 다한 끝에 빚을 청산하고 흑자회사로 만들어 놓았습니다. 그는 자신의 진가를 여실히 보여줌으로써 자신의 능력이 녹슬지 않았다는 것을 온 세상에 당당히 보여주었지요.

미국 국민들은 그의 탁월한 능력에 감탄했고, 그는 경영의 귀재라는 칭호와 함께 화려하게 부활하였습니다. 그가 그처럼 될 수 있었던 것은 끊임없이 노력하고 간절히 원하면 반드시 해 낼 수 있다는 믿음 때문이었습니다.

✽ 불굴의 의지는 어떤 것에도 무너지지 않는 투철한 용기와 투지를 말하지요. 극한 상황을 극복할 수 있는 힘은 불굴의 의지에 있습니다. 불굴의 의지를 갖고 힘차게 나아가기 바랍니다.

# 승자의 원칙

승리는 언제나 싸움에서 물러서지
않는 자에게 돌아간다.
_ 나폴레온 힐

✽

승자는 지는 법을 모릅니다. 승자는 다만 이기는 법을 알 뿐이지요. 그러나 패자는 이기는 법을 모릅니다. 패자는 다만 지는 법만 알 뿐이지요.

손자는 말하기를 "이기는 군대는 우선 이겨놓고 싸운다. 하지만 패하는 군대는 우선 싸움을 시작하고 이기려고 한다."고 했습니다. 이처럼 승자의 법칙을 간결하게 그러나 확실하게 보여준 사람이 또 있을까요.

한 가지 질문을 하지요. 사자와 호랑이가 싸우면 누가 이길까요?

사자와 호랑이가 싸우면 누가 이길까, 하는 것은 많은 사람들의 관심사이기도 합니다. 이 물음의 답은 사자입니다. 사자는 파워 면에서 호랑이보다 월등하지요. 또한 사자는 정면 승부를 걸지요. 절대 뒤로 물러서는 법이 없습니다. 그리고 사자는 지구력을 이용합니다. 사자는 자신이 싸움에서 이기는 법을 확실히 알지요.

하지만 호랑이는 야비합니다. 숨어서 공격하거나 뒤에서 공격하지요. 그리고 호랑이는 초반 공격이 강합니다. 초반에서 승부를 내지 못하고 시간을 끌면 호랑이는 백이면 백 다 패하고 맙니다. 이것이 호랑이가 사자를 이기지 못하는 이유입니다.

이처럼 사자는 싸움에서 이기는 법을 확실히 알기 때문에 백수 왕으로 불립니다.

성공의 법칙도 이와 다르지 않습니다. 포기하지 않고 끝까지 해내는 자가 결국은 성공하는 것입니다.

✽ 승자는 이기는 원칙만 갖고 있습니다. 지는 것은 생각하지 않습니다. 이기는 것만 생각하기에도 머리와 마음은 늘 소용돌이치고 있으니까요.

# 스필버그의 성공법

나는 밤에만 꿈꾸는 게 아니라
하루 종일 꿈을 꾼다.
나는 먹고 살기 위해 꿈을 꾼다.
_ 스티븐 스필버그

✿

'사람들은 먹고 살기 위해서 일한다.'고 하면 조금은 슬픔 마음이 듭니다. 마치 먹기 위해 태어난 하찮은 존재처럼 생각되어지기 때문이지요. 하지만 무언가를 이루기 위해서 일한다, 고 하면 조금은 의연한 마음이 듭니다. 이는 생각의 차이에서 오는 일의 개념이지요.

그런데 분명히 해야 할 것은 일을 하면서 먹고 사는 것은 물론, 의미 있는 일을 해냈다는 자부심을 갖도록 마음자세를 갖는 것이 중요합니다. 그렇게 되면 일을 하는 것에 대한 사명감이 생기기 때문이지요.

세계 영화계의 마에스트로 스티븐 스필버그.

그는 밤에만 꿈을 꾸는 것이 아니라 하루 종일 꿈을 꾼다, 고 했습니다. 과연 그 다운 말이 아닐 수 없습니다.

처음엔 보잘 것 없이 영화관에 뛰어 들었지만 어릴 적 가졌던 영화감독의 꿈을 이루고 최고가 되었던 스필버그. 그의 성공비결은 항상 꿈을 꾸며 남 보다 두 배, 세 배, 열배, 아니 백배의 노력으로 최선의 삶을 살았기 때문입니다.

꿈을 꾸세요. 꿈을 꾸는 데는 돈이 들지 않습니다. 꿈은 꾸는 대로 이루어지는 착한 인생의 동행자입니다.

✽ 성공을 꿈꾸는 사람은 언제나 꿈을 꿉니다. 잘 때도 일할 때도 공부할 때도 길을 갈 때도 이야기할 때도 늘 꿈을 꾸지요. 꿈꾸는 자가 성공하는 것은 늘 꿈을 꾸기 때문이지요.

# 가치 있는 사람

단지 성공을 위한 사람이 아니라
가치 있는 사람이 되기 위해 노력하라.
_ 앨버트 아인슈타인

성공만을 위한 성공과 성공을 통해 해야 할 일을 생각하는 성공은 큰 차이를 보입니다. 성공만을 위한 성공은 오직 자신만을 위한 거지만, 성공을 통해 해야 할 일을 생각하는 성공은 가치를 지닙니다.

성공한 우리나라 사람이 미국이나 선진국의 성공한 사람들에 비해 뒤떨어지는 게 있다면 그것은 기부문화입니다.

이런 차이점은 어디에서 올까요? 그것은 기부문화에 대한 인식의 차이에서 온다고 하겠습니다. 성공한 우리나라 사람들은 내가 피땀 흘려 번 돈이라는 인식이 매우 강합니다. 그러다보니 불우이웃이나 사회단체에 기부하는 것을 아까워합니다.

그에 비해 미국을 비롯한 선진국의 성공한 사람들은 자신이 돈을 벌 수 있었던 것은 사회와 주변사람들 때문이라고 여깁니다. 그래서 자신이 번 돈은 순전히 자신만의 돈이 아니라는 것이지요. 그래서 그들은 큰 금액의 후원금을 아낌없이 내 놓습니다.

이처럼 인식의 차이에서 오는 성공의 가치는 매우 큽니다. 우리의 10대들은 가치 있는 성공을 꿈꾸고 돈만 아는 수전노는 절대 되지 마세요. 수전노는 단지 돈만 아는 돈벌레이니까요.

✿ 돈을 쫓아가는 사람과 가치를 추구하는 사람은 어떤 차이가 있을 까요. 돈을 쫓는 사람은 돈만 생각하지만, 가치를 추구하는 사람은 인간다움을 생각합니다. 그렇다면 돈과 가치를 모두 추구하는 사람이 되세요.

# 날마다 새로운 오늘

날마다 오늘이
그대의 마지막 날이라고 생각하라.
날마다 오늘이 그대의 첫날이라고 생각하라.

_ 탈무드

❋

"날마다 오늘을 마지막 날이라고 생각하라."는 말은 극단적인 표현이라고 하겠지만 이 글이 주는 메시지는 매우 능동적입니다. 마지막이라는 말속엔 마음을 반듯이 하고 자세를 반듯이 하라는 무언의 권면이 있습니다.

사람들은 마지막이라는 말에 용서하고, 화해하고, 용기를 내고, 자신감을 보이고, 자신에게 있는 능력을 최대한 끌어 올리지요.

날마다 오늘이 마지막이고 첫날이라고 생각하는 것은, 그만큼 최선의 노력으로 최선의 삶을 살라는 것입니다.

시간을 잘 쓰는 사람은 날마다 오늘이 새롭지만 시간을 잘 쓰지 못하는 사람은 날마다 오늘이 무의미합니다. 또한 행복한 사람에겐 시간이 짧지만 불행한 사람에겐 지루하지요.

어느 분야건 시간을 잘 쓰는 사람이 성공할 확률이 높은 건 시간은 곧 금이기 때문입니다.

우리의 10대들이 훗날 성공하고 싶다면 시간을 잘 관리하세요. 시간을 낭비하는 것처럼 바보 같은 짓은 없을 테니까요.

❋ 날마다 오늘이라고 생각하면 날마다 오늘이 되고, 오늘은 어제의 다음 날이라고 생각하면 단지 오늘일 뿐입니다. 생각은 하기에 따라 많은 생각을 만들어내지요. 날마다 오늘이라고 생각하면 매일 매일이 새롭게 시작되지요.

# 차근차근
# 그러나 꾸준히 하라

위대한 사람들이 도달한 높은 봉우리는
단숨에 도달한 것이 아니라 다른 사람들이 자고 있는 동안
힘들여 노력해서 한 걸음 한 걸음 올라간 것이다.
_ R. 브라우닝

❋

큰 산을 오르는 법이나 작은 산을 오르는 법은 간단명료합니다. 한 걸음 한 걸음 걸어서 올라가는 것이지요. 빨리 가려고 욕심을 부려 두 걸음 세 걸음으로 오르려면 금방 지쳐 주저앉게 됩니다.

그 어떤 산도 단숨에 오른 사람은 없습니다. 아무리 유능한 산악인이라고 해도 이는 마찬가지이지요.

이와 마찬가지로 큰 성공이든 작은 성공이든 단숨에 이루어진 것은 없습니다. 땀을 흘리고 몸을 움직이고 꾸준히 노력한 끝에 이룬 결과입니다. 이치가 이런데도 어떤 이들은 노력의 과정도 없이 성공을 이루려고 편법을 쓰거나 변수를 씁니다. 하지만 그렇게 해서 이루어진 성공은 별로 없습니다. 설령 그렇게 해서 성공을 이루었다고 해도 그것은 모래위에 집을 지은 것과 같아 쉽게 무너져 내리는 법이니까요.

지금 이 순간 단숨에 무언가를 이루겠다고 생각한다면 그 것은 단지 썩은 생각에 불과합니다. 그런 생각은 하지도 말고 믿지도 말아야 합니다. 자신이 성공을 위해 해야 할 것은 자신의 목표를 위해 차근차근 꾸준히 실천하는 것입니다.

❀ 우리나라 최고층 빌딩인 롯데월드타워를 오르는 가장 빠른 방법은 엘리베이터를 타고 오르는 것입니다. 그러나 걸어서 오른다고 가정해보지요. 빨리 오르기 위해 속도를 내다간 오히려 지치고 맙니다. 그래서 한 계단씩 차근차근 올라가야 한답니다.

# 참고 기다리는 힘

참을성이 적은 사람은
그만큼 인생에 있어서 약한 사람이다.
한 줄기 샘이 굳은 땅을 뚫고 나오듯
참고 기다리는 힘이 없으면 광명을 얻기 힘들다.
_ 버트란트 러셀

무슨 일을 하는데 있어 중요한 성공요소로는 재능, 열정, 인내력, 창의성 등을 꼽을 수 있습니다. 그 중에서도 가장 중요한 성공요소는 인내력이지요.

재능이 아무리 뛰어나도 노력하는 사람을 넘어설 수는 없습니다. 또한 열정과 창의성이 아무리 뛰어난들 인내력이 약하다면 성공적인 결과를 얻는 것은 요원할 수도 있습니다. 이렇게 볼 때 인내력이 얼마나 중요한가를 알 수 있을 것입니다.

인내력이 강한 사람은 무얼 하든 꾸준히 끈질기게 하지요. 아무리 힘들고 어려워도 물러서지 않습니다. 물러서는 순간 자신이 지금 하고 있는 일을 해 내지 못한다는 것을 잘 알기 때문이지요.

토끼와 거북이의 우화는 인내력이 재능을 이긴다는 것을 확실하게 증명해 줍니다. 자신의 재능이 조금 부족해도 염려하지 마세요. 부족한 재능은 꾸준한 노력으로 얼마든지 채울 수 있습니다.

꾸준한 노력의 바탕은 인내력이랍니다.

❋ 인내력을 갖는다는 것, 그것은 한 인간에 대한 대단한 축복입니다. 아무리 머리가 우수하고, 좋은 계획을 갖고 있다 해도 인내력이 없으면 소용없지요. 인내력은 인간에게 매우 귀중한 마인드입니다.

# 인생의 자본금, 시간

시간은 누구에게나
평등하게 주어진 인생의 자본금이다.
이 자본금을
잘 이용한 사람에게 승리가 오는 것이다.
_ 아뷰 난드

❊

시간을 잘 쓰는 자는 인생의 가치를 얻지만 시간을 허비하는 자는 인생의 쓴 맛을 보게 됩니다. 자신의 분야에서 성공적인 삶을 사는 이들은 시간을 잘 쓴 결과이고, 그렇지 않은 자들은 대개 시간을 헛되이 소비한 사람들이지요. 물론 여기에는 인생의 운도 따릅니다. 각 사람에게는 그 사람만이 갖고 있는 운이라는 것이 잊기 마련이니까요.

하지만 운도 시간을 잘 쓰는 사람에겐 어쩌지 못합니다. 노력이 그 운의 기운을 넘어서기 때문이지요.

시간은 누구에게나 공평하고 누구에게나 똑 같은 기회를 줍니다. 시간은 편견을 가지지 않습니다. 시간은 자신을 잘 쓰는 자를 좋아하고 그 사람에게 더 많은 기회를 제공하지요.

시간은 곧 자산이고 돈입니다.

우리의 10대들은 시간을 함부로 낭비하는 어리석은 사람이 되지 말아야 합니다. 시간을 낭비하는 만큼 자신의 인생도 허비되고 마는 법이니까요.

❀ 시간은 돈으로도 살 수 없고, 권력으로도 살 수 없지요. 시간은 부지런한 사람만이 살 수 있고, 시간을 효율적으로 보낼 수 있습니다. 시간을 잘 쓰는 사람이 되세요. 시간은 그런 자를 좋아하고 기회를 주기 위해 애쓴답니다.

Part 05

# 변화하라,
# 날마다 새로움을 꿈꿔라

# 자신을 새롭게 하기

매일 자신을 새롭게 하라.
몇 번이라도 새롭게 하라. 내 마음이 새롭지 않고서는
그 어떤 것도 기대할 수 없다.
_ 동양 명언

✽

새로운 것을 좋아하는 사람은 창조적 도전 정신을 가진 사람입니다. 이런 사람은 자신의 꿈꾸는 것을 이루어 인생의 기쁨과 즐거움을 누리며 살지요. 그러나 늘 그 자리에 머무르기를 좋아하는 사람은 고정관념에 뿌리박힌 사람이지요. 이런 사람은 어둠에 갇혀 있는 형상으로 밝은 것을 보아도 밝은 줄을 모릅니다. 고정관념은 고리타분하고 퇴보적이며 비생산적이기 때문이지요.

'새 술은 새 부대에 담으라'는 말이 있습니다. 새로운 것을 낡은 부대에 담는다고 생각해보세요. 술맛도 변하고 술이 낡은 부대 틈 사이로 빠져나갈 수도 있겠지요.

새로운 생각, 새로운 마음, 새로운 자세는 새롭게 변화하기를 꿈꾸는 사람들이 반드시 가져야 할 마인드 요소입니다. 그런데 낡은 생각, 낡은 마음, 낡은 자세로 무엇을 새롭게 할 수 있을까요.

새로운 것은 희망이고 미래이고 발전이지요. 가만히 앉아 새로움을 꿈꾸지 말아야 합니다. 특히, 우리의 10대들이 지금과 다르게 살기를 원한다면 날마다 새롭게 꿈꾸고 새롭게 변해야 한답니다.

❀ 발전적인 사람이 되기 위해서는 늘 몸과 마음을 새롭게 하고, 자신을 돌아봄으로써 자신의 단점은 고치고 장점은 더욱 살려나가야 합니다. 새롭게 하는 자세가 새로운 생각을 만들고 새로운 사람이 되게 한답니다.

# 이기는 비법

이기는 군대는 우선 이겨놓고 싸운다.
패하는 군대는
우선 싸움을 시작하고 이기려고 한다.
_ 손자

✱

손자병법으로 유명한 손자는 싸움에서 이기려면 우선 이겨놓고 싸우라고 말합니다. 이는 마음의 자세를 어떻게 갖는 것이 바람직한가에 대해 말하고 있는데, 마음에서부터 이기고 싸우라는 것이지요.

무슨 일을 하는데 있어 마음의 자세는 그만큼 중요하다는 것입니다.

그러나 싸움에서 지는 사람은 싸우고 나서 이기려고 하는데 이는 잘못이라는 것이지요. 생각해보세요. 상대는 마음에서 이겨놓고 싸우려고 하는데 아무런 마음의 준비 없이 싸우려고 한다면 어찌 준비된 상대를 이길수 있을까요.

손자의 말은 비단 전쟁에서만 통용되는 말은 아니지요. 인생을 살아가는데 있어 그의 말은 깊이 새겨볼 필요가 있습니다. 공부를 하던 사업을하던 그 무엇을 하던 이기는 것은 중요합니다. 이겨야 새로운 것을 시도할 수 있고 더 나은 길로 나아갈 수 있기 때문이지요.

인생을 낭비하는 것은 돌이킬 수 없는 인생의 패배자로 남게 함으로, 미래를 향해 나아가는 10대들은 자신의 인생을 함부로 낭비하지 말아야 하겠습니다.

✿ 이기는 사람은 언제나 이기는 생각을 하지요. 이기는 생각은 이기고자하는 사람을 좋아하고, 에너지를 주고 가능성을 열어두지요. 이기는 마음을 가지세요. 이기는 것도 습관이므로 이기는 생각으로 무장하세요.

# 배타적인 생각 버리기

배타적인 생각을 버려라.
변화의 걸림돌은 고정관념에도 있지만
배타적인 생각이야 말로 가장 위험한 생각이다.
배타적인 생각은 적을 만들 수 있기 때문이다.
_ 김옥림

변화를 싫어하는 사람들은 대단히 배타적이고 자기모순에 사로잡혀 있습니다. 이런 사람은 변화를 두려워하고 거부합니다. 자신이 하고 있는 생각, 자신이 행하는 행동만 인정하려고 합니다. 참 답답하고 식상한 낡은 마인드가 아닐 수 없습니다.

배타적인 생각이 갖는 몇 가지 모순에 대해 살펴본다면 첫째, 고정관념에 사로잡혀 있다는 겁니다. 둘째, 상대를 적으로 만드는 위험 요소입니다. 셋째, 낡은 사고에 사로잡혀 새로운 것을 보지 못합니다. 넷째, 안일무사에 빠져 있습니다. 다섯째, 과거지향적인 사고(思考)의 늪에 빠져 있습니다.

이상에서 보듯이 배타적인 생각은 모순으로 가득 차 있는, 낡은 마인드라는 것을 잘 알 수 있습니다.

성공한 사람은 오픈 마인드를 갖고 있어 모든 것을 받아들이되 취할 것은 취하고 버릴 것은 버리지요. 그리고 취한 것을 통해 새로운 것을 발전시켜 성공의 디딤돌로 삼습니다.

배타적인 생각을 갖고 있다면 마음으로부터 놓아버려야 합니다. 그것은 자신은 물론 타인과의 관계를 단절 시키는 녹슨 생각에 불과할 뿐입니다.

❀ 배타적인 생각은 발전을 가로막는 독소이지요. 아무리 뜻이 좋고 목표가 분명해도 배타적인 생각을 품고 있는 한, 발전적인 자신의 미래를 이끌어 낼 수 없습니다. 발전을 위해서라면 배타적인 생각은 싹 버려야 합니다.

# 경쟁력 갖추기

우리는 새로운
창조적 혁신의 물결을 맞이하고 있다.
영원한 1등은 존재하지 않고, 삼성도 예외일 수는 없다.
우리만의 경쟁을 갖추지 못하면
정상의 발치에서 주저앉을 것이다.

_ 이건희

✽

각 개개인이나 기업, 사회와 국가는 경쟁력을 갖추어야 합니다. 경쟁력을 갖추지 않으면 퇴보하게 되고, 늘 뒷자리에서만 맴돌지요. 경쟁력은 경쟁사회에서 아이콘이고 승리의 키워드입니다.

시시각각 변하는 시대의 물결을 타고 시대가 필요로 하는 자신만의 경쟁력을 갖추기 위해서는 첫째, 지금보다 새로운 가치를 추구해야 합니다. 둘째, 다양한 책을 읽고 폭 넓은 상식을 길러야 합니다. 셋째, 배울 수 있는 모든 것은 배워야 합니다. 넷째, 경쟁을 두려워하지 말고 즐겨야 합니다. 다섯째, 창의적이고 진취적인 사고방식을 길러야 합니다.

경쟁력이 없는 사람은 더 이상 발전할 수 없고, 경쟁력이 떨어지는 기업이나 사회, 국가는 경쟁에서 밀릴 수밖에 없습니다.

삼성그룹 이건희 회장은 이에 대해 "영원한 1등은 존재하지 않고, 삼성도 예외일 수는 없다."고 말하며 경쟁력의 중요성을 강조하였습니다.

경쟁력을 길러야 합니다. 경쟁력은 치열한 경쟁 속에서 살아남아 보이지 않는 내일을 향해 당당하게 걸어가게 하는 성공요소입니다.

그렇습니다. 몸과 마음이 한창 자라나는 우리의 10대들은 이를 마음에 새겨 꼭 실천하기 바랍니다.

✿ 경쟁사회에서 살아남아 자신의 뜻을 펼치기 위해서는 경쟁력을 길러야 합니다. 경쟁력을 기르기 위해선 다양한 분야의 책을 읽어 깊은 상식과 내공을 쌓아야 합니다. 경쟁력은 현대사회에서 피해갈 수 없는 사회적 요소이니까요.

# 변화의 중요성

변화를 유도하면 리더가 되고
변화를 받아들이면 생존자가 되지만,
변화를 거부하면 죽음을 맞게 될 뿐이다.
_ 레이노다

✽

매일 새로워야 합니다. 어제와 같은 오늘, 오늘과 같은 내일을 사는 것은 사는 것이 아니라 죽은 것입니다. 그렇습니다. 변화가 없는 삶은 죽은 삶이지요. 이런 삶은 그 어떤 것도 새롭게 창조해 낼 수 없습니다.

무언가를 끊임없이 시도하는 사람은 변화의 필요성을 잘 알고 그것을 즐기지요. 그래서 항상 새로운 마인드를 갖고 사람이든 사물이든 세상 모두를 대합니다. 그러다보면 미처 발견하지 못한 아이템을 발견하기도 하고, 자신이 꿈꾸던 이상을 실현시키기도 합니다.

환경에 적응하는 것들은 살아남지만 적응하지 못하는 것은 자연히 도태된다는, 찰스 다윈의 진화론은 그래서 더욱 공감을 줍니다.

변화란 모든 분야에서 필요로 하는 성공의 필수 조건입니다. 우리의 10대들이 성공적인 삶을 이끌어 내고 싶다면 변화를 두려워하지 말고, 그 어떤 변화도 받아들여 새로운 자신으로 거듭나야 합니다.

변화를 거부하면 남는 것은 영원한 퇴보일 뿐이니까요.

✽ 리더가 되기 위해서는 변화에 적응하는 능력이 뛰어나야 합니다. 한 직장, 한 단체를 이끌어가는 리더가 변화에 둔하다면 그 직장과 단체는 낙오될 수 밖에 없지요. 훌륭한 리더가 되려면 변화에 대한 적응력을 길러야 한답니다.

# 스스로에게 물어보기

스스로에게 물어보라.
난 지금 무엇인가를 변화시킬 준비가 되었는가를.
_ 잭 캔필드

✽

《마음을 열어 주는 101가지 이야기》시리즈 등을 퍼낸 자기계발의 권위
자인 잭 캔필드. 그는 독자들에게 자아를 계발하는 마인드를 심어주기위
해 끊임없이 자기계발에 대한 강연과 연구와 집필을 합니다.

그가 쓴 책은 대개 보통사람들이 겪은 이야기를 바탕으로 해서 깊은 공
감을 줍니다. 마치 내 이야기 같고, 친구를 비롯한 주변 사람들 이야기처
럼 착각이 듭니다. 이런 이야기 구조를 갖다 보니 친근하면서도 쉽게 접
근하게 되어 누구나 쉽게 읽게 되지요.

"스스로에게 물어보라"는 그의 말은 자기 점검내지는 검열을 뜻하는 말
로써, 자신을 한번 곰곰이 들여다보라는 말과 같다고 하겠습니다. 이는
쉬운 것 같으면서도 철학적 의미를 담은 말이지만 이분법적으로 자신을
생각하게 합니다.

스스로 자신에게 묻고 대답하는 것은 자신의 내면을 바르게 키울 수 있
어 매우 요긴한 삶의 공부가 된답니다. 소크라테스의 "너 자신을 알라."는
말과 상통하는 의미를 갖는 말이기도 하지요.

우리의 10대들은 늘 자신에게 묻고 대답하세요. 그런 만큼 훗날 풍요로
운 인생이 될 것입니다.

✽ 사람은 늘 자신에게 말을 걸어야 합니다. 나는 누구인가? 나는 무엇 때문에 존재하는가? 라는
물음을 통해 새로운 자아를 깨닫게 되니까요. 새로운 자아는 새로운 발전을 가져오는 아주 좋
은 성공요소입니다.

# 승리의 필수요소, 신념

이길 수 있다고 생각하면 이길 수 있다.
신념은 승리의 필수요소이다.
_ 윌리엄 해즐릿

이기는 마음을 갖고 시작하면 승리할 수 있는 확률이 그 만큼 크지요. 이기는 마음엔 열정에 에너지가 넘치기 때문입니다. 그런데 일을 시작하기도 전에 실패하면 어떡하지, 하는 마음을 갖는다면 그 일은 해 보나마나 입니다. 이미 마음에서 졌기 때문이지요.

무슨 일이든 생각하는 대로 된다는 말이 있습니다. 어떻게 생각하느냐는 것은 그 만큼 중요하기 때문이지요. 생각은 일이든 공부든 무엇이든 방향을 전환시키는 방향키와 같습니다. 그렇다면 생각의 방향 모드를 이길 수 있다는 쪽으로 놓으세요.

이기는 것도 습관이라는 말이 있습니다.

그렇습니다. 이기는 마음을 갖는 것도 습관입니다. 항상 이기는 생각을 하다보면 자연스럽게 습관적 마인드가 되지요.

우리의 10대들은 이길 수 있다는 습관을 신념화해야 합니다. 그렇게 될 때 성공은 자신의 손을 잡아줄 것입니다.

✿ 삶에서 이기려면 승리의 필수요소를 갖춰야 합니다. 승리요소에는 신념, 열정, 노력, 실력, 창의적인 상상력 등이 있지요. 이런 승리요소를 꾸준히 가동시켜야 승리의 기회가 주어집니다. 순식간에 오는 승리는 없는 법이니까요.

# 마음의 창

마음의 창을 항상 열어두라.
새로운 아이디어가 들어올 수 있도록.
_ 마크 빅터 한센

✿

성공한 사람들에게 볼 수 있는 여러 특징 가운데 하나는 오픈 마인드입니다. 오픈마인드는 열린 생각으로 사람을 대하고 일을 추진하는 마음이지요. 따라서 오픈 마인드를 갖는다는 것은 매우 중요합니다.

자기계발 권위자인 마크 빅터 한센은 자신의 오랜 경험을 통해 마음의 창을 열어두라고 권유합니다. 그 이유는 마음의 창을 열어두어야 새로운 아이디어가 들어 올 수 있기 때문이라는 것이지요.

마음의 창을 열어두는 것, 이것이 바로 오픈마인드입니다.

우리의 10대들은 어느 쪽인가요?

오픈마인드를 갖고 있는가요, 아니면 클로즈마인드인가요.

만일 자신이 평소 클로즈마인드라면 지금 당장 오픈마인드로 전환시키세요. 그렇지 않으면 자신이 바라고 원하는 것을 취할 수 없을 지도 모릅니다.

성공한 사람들의 성공처세술인 오픈마인드는 성공의 필수조건이랍니다.

✽ 마음의 창을 닫아 두고는 새로운 것을 들어오게 할 수 없지요. 새로운 정보, 새로운 사람, 새로운 지식, 새로운 소식, 새로운 환경 등 새로운 것은 자신의 발전에 긍정적인 영향을 주는 필수조건입니다.

# 공기인간

우리는 여러 가치관이 병존하는 시대에 살고 있다.
자신의 가치관을 살리기 위해서는 '공기인간'이 되어야 한다.
공기처럼 가볍고 어떤 곳도 파고 들 수 있는,
누구에게나 꼭 필요한 것을 갖추고 있는
사람이 되어야한다.
_ 마빈 토케이어

유대인들을 공긴 인간(루프트 멘슈)이라고 합니다. 공기는 바늘구멍보다 작은 틈만 있어도 비집고 들어가는 속성이 있습니다. 또한 공기는 사람이나 동식물에게 반드시 필요하지요. 공기인간이란 공기와 같이 어디에서든지 적응할 수 있고, 누구에게든지 필요로 하는 사람을 말합니다.

유대인들이 공기 인간이 되어 전 세계 어디서든지 성공할 수 있었던 것은 바로 그들의 강인한 정신에 있습니다. 그들은 로마제국의 공격으로 나라를 잃고 이 천년이 넘는 세월을 세계 도처를 떠돌며 온갖 박해를 받으며 살아왔습니다. 그들은 끝까지 살아남기 위해 강해져야만 했고, 어디서든지 자신들을 필요로 하는 사람이 되게 했던 것입니다. 그 결과 그들은 자타가 인정하는 세계 최고의 민족이 되었으며 어디서든지 자신들의 진가를 발휘하며 행복하게 살고 있습니다.

우리는 여러 가치관이 병존하는 시대에 살고 있습니다. 자신의 가치관을 살리기 위해서는 반드시 공기인간이 되어야 합니다. 그렇게 될 때 어디서든 자신의 능력을 맘껏 펼치며 행복한 인생으로 살게 될 것입니다.

❀ 어디든지 적응하고 누구에게든지 필요로 하는 사람은 성공할 자세를 갖춘 사람입니다. 이런 사람은 자신이 무엇을 해야 하는지를 잘 알지요. 우리 10대들은 어디서나 누구와도 잘 적응하는 사람이 되세요. 그것이 성공으로 가는 길이니까요.

# 변화의 목적

변화하지 않으면 성장할 수 없다.
성장하지 않으면
진정으로 사는 것이 아니다.
_ 게일 쉬이

✿

모든 것은 변화함으로써 새로워지고 더 나은 세계로 나아가지요. 이 땅에 인류가 존재한 이래 수를 셀 수 없는 변화가 있었으며 변화를 겪을 때마다 새로운 역사가 탄생되었습니다.

역사가 그랬듯이 문학이든, 과학이든, 예술이든, 철학이든 수많은 변화를 통해 오늘 날에 이르렀다. 변화하지 않으면 성장하고 발전할 수 없습니다. 변화는 새로워지기 위해서는 반드시 통과해야할 과정이자 주체이지요.

10대들이 마음에 새겨야 할 것 중 하나가 변화에 대해 적극적인 자세를 갖는 것입니다. 변화에 대한 적극적인 자세는 생산적이고 창의적인 마인드를 길러주지요. 이런 마인드를 갖게 되면 자신감이 상승합니다. 그래서 어떤 일에서든 적극성을 보이게 된답니다.

그런데 자신감이 없는 10대들을 볼 때가 있습니다. 그들의 처진 어깨를 볼 때마다 측은한 생각이 들어 처진 어깨를 반듯하게 세워주고 싶습니다. 처진 어깨로는 그 어떤 변화에도 적응하지 못하고 뒤처질 수 밖에 없기 때문입니다.

10대는 인생이란 긴 세월에서 잠깐이지요. 이시기를 참아내지 못한다면 자신이 하고 싶은 것을 할 수 없습니다.

꿈과 희망이 넘치는 10대가 되세요. 그러기 위해서는 반드시 자신을 변화시키는 일에 최선을 다해야 합니다.

✿ 지금보다 너 나은 내가 되기 위해서는 변화를 리드하고, 변화의 주체가 되어야 합니다. 그래서 자신의 인생을 끌어올려야 한답니다. 그것이 자신에게 주는 최고의 선물이니까요.

Part 06

# 실패를 두려워 하지 마라,
# 실패는 나를 키우는 스승이다

# 패배의 마음 뿌리 뽑기

자신이 만일 패배의 마음을 갖고 있다면
그 마음을 자신으로부터 뿌리 뽑아야 한다.
패배를 생각하면 패배를 하기 때문이다.
그러므로 패배를 믿지 않는 태도를 가져야 한다.
_ 노만 V. 피일

❋

패배를 하는 사람이 또 다시 패배할 확률이 많은 것은 그 마음 속에 패배의식이 팽배해 있기 때문입니다. 패배란 퇴보며 후퇴며 과거 지향적입니다. 이런 패배의식으로는 아무것도 할 수 없습니다. 설령, 한다고 해도 결과는 빤하지요.

패배의식을 버리기 위해서는 마음 속에 자리 잡고 있는 부정적이고, 비관적이고, 소극적인 생각의 대못을 뽑아 버려야 합니다. 그리고 그 마음 밭에 희망적이고, 낙관적이고, 미래지향적인 긍정의 나무를 심어야 합니다.

매사에 무슨 일이든 희망의 눈으로 바라보고, 희망의 입술로 희망을 말해야 합니다. 희망을 말하는 입은 꿈을 이루게 합니다. 하지만 부정의 눈으로 바라보고, 부정의 입술로 부정을 말하면 돌아오는 건 패배뿐입니다.

성공적인 인생은 그 어떤 순간에도 패배를 믿지 않습니다. 오직 승리만 믿습니다. 그런 강인한 마인드가 성공적인 인생을 만드는 것이지요.

우리의 10대들은 사전에 패배를 믿지 마세요. 패배의식을 버리고 오직 승리를 말해야 합니다.

❋ 일을 시작할 땐 패배의 마음을 가져서는 안 됩니다. 패배의 마음을 갖는 순간 그 일은 패배할 확률이 매우 높아지지요. 패배의 마음을 버리세요. 패배의 마음은 부정적인 마인드 중에서도 가장 나쁜 마인드입니다.

# 너 자신을 알라

자기를 알고자 하거든
남의 일에 대해서 주의해 보라.
반대로 남을 알고자
하거든 자기 마음을 들어 보라.
_ 프리드리히 실러

자신을 가장 잘 알 수 있는 방법은 상대방을 통해서 입니다. 상대방을 보면서 자신과 비교를 해보면 자신이 어떤 사람인가를 잘 알 수 있습니다.

왜일까요?

그것은 상대방과 자신과의 비교를 통해 자신의 모순을 발견할 수 있고, 또 자신의 장점을 알 수 있기 때문이지요.

"너 자신을 알라."는 소크라테스의 말은 자기를 잘 앎으로 해서 더욱 자신을 발전 시켜나가라는 의미를 내포한다고 하겠습니다. 물론 이 말엔 형이상학적인 철학적 사유가 문제의 본질을 담고 있지요.

어쨌든 자신을 잘 안다는 것은 중요한 일입니다. 사람은 누구나 타인을 이기는 것보다 자신을 이기는 일에 더 힘들어 하는데 그것은 자신을 잘 알지 못하기 때문입니다.

자기를 이기고 싶다면 자신을 잘 알아야 합니다. 그래야 자신을 이길 수 있는 것입니다. 그리고 남을 잘 알기 위해서도 자신을 잘 알아야 한다는 것 또한 잊지 말아야 하겠습니다.

✿ 자신을 잘 아는 사람은 인생의 가치를 아는 사람이지만, 자신을 모르는 사람은 인생의 가치를 모르는 사람입니다. 인생의 가치를 잘 아는 사람이 인생을 잘 사는 사람이지요. 자신을 잘 아는 사람이 되어야 합니다.

# 실패는 없다

나에게 시련은 있어도 실패는 없다.
_정주영

✿

유럽에서 가장 보수적인 영국의회에 진출해 두 차례나 수상을 지낸 벤저민 디즈레일리.

그가 영국의회에 길이 남은 명정치가가 될 수 있었던 것은, 좌절을 모르는 강인한 확신주의에서 이끌어내는 능력이 출중했기 때문입니다.

그러나 이런 그도 수상이 되기 전에는 많은 문제점을 갖고 있었습니다. 그는 젊은 시절 호기를 부려 사람들로부터 허세를 부린다는 비난을 받기도 했지요. 주식에 투자하고, 사업에도 손을 댔으나 번번이 실패했습니다. 연이은 실패에 따른 좌절과 방황으로 4년 넘게 허송세월을 보내기도 했습니다. 정계에 입문해서는 수차례에 걸쳐 낙선했습니다. 한마디로 젊은 날의 그의 인생은 실패의 연속이었지요.

그럼에도 그는 좌절하지 않았습니다. 좌절은 곧 인생의 실패라는 것을 경험을 통해 깨달았기 때문이지요. 그는 실패를 거듭할수록 강해지기 위해 더욱 노력했습니다. 수차례에 걸쳐 낙선을 했던 그는 정계에 대한 꿈을 버리지 않고 도전한 끝에 드디어 수상의 자리에 올랐습니다. 수상이 된 그는 영국이 안고 있는 문제점들을 하나하나 풀어가기 시작했습니다. 수시로 반대에 부딪치는 시련도 있었지만, 그러면 그럴수록 그의 의지는 더욱 불타올랐지요. 그는 때론 협조를 구하기도 하고, 또 때론 강하게 밀어붙이는 등 자신이 계획한 정책들을 실현시켜나갔습니다.

대표적인 그의 공적은 가난한 노동자들의 주거개선 법을 시행해 빈민가를 새롭게 단장하며 서민들이 쾌적한 환경에 주거하도록 한 것입니다. 그 외에도 복잡했던 공중보건법을 크게 개선했고, 노동착취를 방지하는 공장법과 노동자 단체의 지위를 인정하는 두 개의 노동조합법 제정도 그의 업적이지요. 대외적인 업적으로는 당시 이집트 수에즈운하를 인수한 것입니다. 수에즈운하 인수는 영국의 강국 이미지를 부각시키는 것은 물론 국민들에게 지도력을 인정받는 데 크게 작용해 그의 정치적 입지를 더욱 견고하게 해주었지요.

러시아와 투르크 간의 전쟁으로 영국은 인도로 가는 길에 방해 받지는 않을까 염려했습니다. 디즈레일리는 전쟁으로 지쳐있는 러시아에게 세를 과시하며, 영국은 전쟁으로 발생하는 어떤 불이익도 허용하지 않겠다는 강한 의지를 보였습니다. 러시아가 투르크에 강요한 산스테파노 조약은 1878년 베를린에서 열린 유럽의회에 상정되었는데, 디즈레일리는 회의에 참석해 러시아로부터 원하는 것을 모두 받아냈습니다.

이 일은 영국의 자긍심을 드높인 역사적사건이라 불리며 그의 정치적 위상을 높여주었지요. 그는 빅토리아 여왕의 총애와 신임은 물론 국민들에게 위대한 정치가로 깊이 각인되었습니다.

그가 영국의 수상으로 있는 동안 '대영제국은 해가 지지 않는다'라는 말이 있을 정도로 영국은 전 세계적으로 위상을 떨쳤습니다. 그는 빅토리아 여왕의 절대적인 신임을 얻음으로써, 가슴속에 품은 꿈을 맘껏 펼쳐 보이며 많은 국민들로부터 존경과 찬사를 받은 열정과 의지의 위대한 정치가였습니다.

"나에게 시련은 있어도 실패는 없다."

이는 정주영이 한말로 그가 실패를 딛고 성공했듯이, 디즈레일리 역시 실패를 딛고 성공했던 것입니다.

우리의 10대들도 실패를 두려워하지 말고, 자신이 하고자 하는 일에 최선을 다하기 바랍니다.

✳ 성공을 믿는 사람은 성공을 하고, 실패를 믿는 사람은 실패를 합니다. 시련을 피해 도망가는 사람에겐 실패가 뒤쫓아 가지만, 시련을 몰아내는 사람에겐 성공이 손을 흔들며 다가가지요.

# 물이 강한 이유

단단한 돌이나 쇠는 높은 데서 떨어지면 깨지기 쉽다.
그러나 물은 아무리 높은 곳에서 떨어져도
깨지는 법이 없다.
물은 모든 것에 대해서 부드럽고 연한 까닭이다.

_ 노자

물처럼 부드러운 것과 쇠붙이처럼 단단한 것 중 어느 것이 더 강할까요? 이에 대한 답은 물입니다. 부드러운 것이 단단한 것을 이기는 법이지요. 작은 물방울이 바위를 뚫고, 작은 샘물이 시내를 이루고 강을 만들어 바다에 이르지 않던가요.

그렇습니다.

공기든 물이든 바람이든 햇볕이든 부드러운 것이 강한 법입니다.

사람 또한 이와 같습니다. 힘으로 사람을 제압하려는 이는 힘으로 망하고, 칼로 제압하려는 사람은 칼로 망하는 법이니까요.

그러나 인격은 그렇지 않습니다. 인격은 높고 맑고 부드러울수록 강합니다. 그래서 높은 인격을 가진 사람은 함부로 하지 못하지요. 높은 인격이 힘을 능가하기 때문입니다.

우리의 10대들도 고매한 인격을 갖출 수 있도록 몸과 마음을 반듯이 하세요. 그러면 그 누구에게나 인정받게 되고, 자신이 꿈꾸는 것을 잘 해내게 될 것입니다.

❋ 물은 부드럽고 어느 곳이든 스며들어 생명을 불어 넣어주지요. 하지만 물이 요동을 치면 세상 모두를 삼킬 듯이 강하지요. 물처럼 부드럽지만 강할 땐 강한 사람이 되어야 합니다. 그래야 상황에 맞게 잘 적응할 수 있답니다.

# 처칠의 말

내가 인생을 다시 한 번 걷게 된다면
나의 제 2의 인생은
제 1의 인생과 별 차이가 없을 것이다.
_ 윈스턴. 처칠

✳

인생을 다시 살 수 있다면 지금의 실수를 만회할 수 있을 텐데 그러지 못하는 게 인생입니다. 누구에게나 인생은 단 한번 뿐이니까요.

제2차 세계대전을 승리로 이끌며 영국의 영웅이 되어 2차례에 걸쳐 영국 수상(총리)을 지냈던 윈스턴 처칠.

그는 문학가가 아니면서도 노벨문학상을 수상한 유일무이한 기록을 남긴 걸출한 인물입니다.

그는 자신이 다시 산다면 제2의 인생 역시 제1의 인생과 다를 게 없다고 말했습니다. 그만큼 그는 자신의 인생을 후회 없이 잘 살았다는 말입니다.

윈스턴 처칠처럼 똑 같은 말을 할 수 있는 사람은 과연 얼마나 될까요. 내가 만난 사람들 대부분은 인생을 다시 산다면 지금보다 더 잘 살 수 있을 텐데 하고 말합니다. 그만큼 지금의 삶이 만족스럽지 못하다는 방증이지요.

윈스턴 처칠은 비록 3수 끝에 육군 사관에 들어갔지만 최선을 다한 끝에 세계적인 인물이 되었고, 스스로도 자신에게 만족해하는 인물이 되었습니다.

후회 없는 인생으로 사는 것, 그것이야말로 가장 만족한 삶인 것입니다.

✱ 인생을 다시 산다면 처음 인생과 같이 살 수 있어야 충분히 만족한 인생입니다. 그렇게 되기 위해서는 최선으로 노력하고, 최선으로 만족하고, 최선으로 하루하루를 보내야 합니다. 최선으로 사는 삶 그것이 성공입니다.

# 현명한 사람

현명한 사람은 남의 욕설이나 비평에
귀를 기울이지 않으며
또 남의 단점을 보려고도 하지 않는다.
_ 채근담

❋

데일 카네기는 자신이 저서 《카네기 처세술》에서 말하기를 남을 비판하지 말라고 했습니다. 그는 자신이 목격한 많은 사람들의 경우에서 비판이 얼마나 나쁜 영향을 끼친다는 것을 잘 알았기 때문입니다.

미국국민들로부터 가장 존경을 받는 대통령인 에이브러햄 링컨.

그도 한 때는 자신과 맞지 않는 사람을 비방한 보통 사람에 불과 했습니다. 그랬던 그가 자신이 비방한 사람으로부터 결투를 받게 되었지요. 링컨은 고민 끝에 결투에 나섰고 링컨과 결투를 벌이는 사람을 잘 알던 사람의 중재로 다행히 결투는 중단 되었답니다.

결투를 원하지 않았던 링컨은 그 일로 인해 남을 비방하는 일이 얼마나 나쁜 일인지를 뼈저리게 깨우쳤던 것입니다.

이후 링컨은 비방을 피하고 좋은 점을 들어 그 사람을 칭찬했습니다. 그러자 놀라운 일을 경험하게 되었지요. 사람들이 모두 자신을 믿고 좋아한다는 것을.

링컨이 훌륭한 대통령이 될 수 있었던 것은 비방 대신 칭찬을 택한 현명함에 있었던 것입니다. 우리의 10대들도 링컨이 그랬던 것처럼 상대방의 단점을 보기 보단 장점을 보고, 비방을 삼가고 칭찬하면 좋은 결과를 얻게 될 것입니다.

❋ 우매한 사람은 자신도 제대로 못하면서 남의 일에 사사건건 개입하지요. 하지만 현명한 사람은 자신을 낮추고 상대를 높여줍니다. 이것이 현명한 사람이 존경받는 이유입니다. 현명한 사람이 되세요. 현명함은 똑똑함에서 옵니다.

# 자기를 이기는 사람이
# 진정으로 강한 사람이다

남을 굴복시키는 사람은 강한 사람이다.
그러나 자기를 이기는 사람은
그 이상으로 강한 사람이다.
_ 노자

❀

남을 굴복시키는 강한 사람도 자신을 이기지 못한다면 진실로 강한 사람이라고 할 수 없습니다. 그 만큼 자신을 이긴다는 것은 어려운 일입니다.

왜 그럴까요?

그것은 자신에게 관대하기 때문이지요. 대개의 사람들은 남의 실수는 못 봐 주면서도 자신의 실수는 그대로 묵인합니다. 그래 놓고 이렇게 말하지요. 다음엔 실수하지 말자고.

노자는 이런 사람들의 심성을 너무도 잘 알고 있었습니다. 그래서 그는 남을 굴복시키는 사람이 강한 사람이 아니라 자신을 이기는 사람이 그 이상으로 강한 사람이라고 했던 것입니다.

군자는 자신에게 엄정하고 타인에겐 관대합니다. 그래서 군자는 그릇이 크다는 말을 듣습니다. 그릇이 크면 많은 것을 담을 수 있는 것처럼 마음이 넓어야 배려심이 깊고 이해심이 많다는 것입니다.

남을 이기는 사람보다는 자신을 이기는 사람, 그 사람이 진정으로 강한 사람임을 잊지 말아야 합니다.

✽ 강한 사람은 어떤 환경에 처하더라도 절대 흔들리지 않습니다. 오히려 처한 환경에서 벗어나기 위해 더욱 강해지지요. 현대사회에서 자신의 뜻을 펼치기 위해서는 강해져야 합니다. 우리의 10대들은 자신을 극복하고 넘어서는 사람이 되기 바랍니다.

# 실패는 교사다

인생은 학교다.
그리고 거기서의 실패는
성공보다도 두드러진 교사다.
_ 그라나스키

✱

실패는 성공의 디딤돌이며, 나침반이며, 어머니입니다. 사람이라면 누구나 실패를 합니다. 실패하지 않는 인생은 없습니다. 그런데 어떤 사람들은 실패를 두려워하고 수치스럽게 여깁니다.

성공한 사람들도 수없이 실패를 했습니다. 그리고 실패를 통해 성공할 수 있었던 것입니다. 실패는 마음을 아프게 하지만 그것을 견디어 내면 인생의 약이 됩니다. 양약은 입에 쓰지만 병에는 좋은 것처럼 실패 또한 자신의 성공을 위해서는 인생의 좋은 보약입니다.

그라나스키는 '인생은 학교'라고 말했습니다. 아주 적절한 표현입니다. 인생을 살다보면 생각지도 않은 많은 것들을 경험합니다. 그런 경험들을 배우고 익히다 보면 소중한 삶을 살아가는 힘을 얻게 됩니다.

온실 속에 화초보단 비바람 속에서도 잘 자라는 들꽃이 되어야 합니다. 들꽃은 어디에서도 살아가지만, 온실 속 화초는 밖에 내 놓는 순간 곧 죽고 맙니다.

자신의 인생을 참되게 살고 싶다면 어떤 환경 속에서도 들꽃 같은 사람이 되어야 합니다.

✻ 실패는 가장 확실한 교사입니다. 실패만큼 인생을 똑똑히 알게 하는 것도 없으니까요. 실패하세요. 더 많이. 하지만 실패에 지지는 마세요. 실패를 극복해야 더 큰 인생이 되고, 더 큰 성공을 이루어 낸답니다.

# 마이클 조던의 성공법

나는 살면서 수많은 실패를 거듭했다.
그러나 바로 그것이
내가 성공할 수 있었던 이유다.
_ 마이클 조던

✽

전 NBA 농구 최고의 스타인 마이클 조던.

검은 피부에 잘 생긴 얼굴, 깨끗한 매너, 거기에 뛰어난 슛 감각에 다양한 멀티플레이는 농구를 하나의 예술적 경지로 끌어올렸지요. 그 어떤 미사여구를 써도 아깝지 않은 농구의 귀재인 그도 수도 없이 슛에 실패를 했고 삼백 번이 넘는 패배를 했습니다.

마이클 조던은 자신의 성공에 대해 묻는 사람들에게 말하기를 "나는 살면서 수 많은 실패를 거듭했습니다. 그러나 그 실패가 있었기에 나는 성공할 수 있었습니다."라고 했습니다. 그는 자신의 성공을 실패를 통해서 이루어 냈다고 말했던 겁니다.

많은 사람이 우러러보는 그 어떤 성공적인 인생도 수없는 실패 끝에 성공을 쏘아 올린 것입니다. 인류가 이 땅에 출현한 이래 실패 없는 인생은 어디에도 없었습니다.

우리의 10대들도 꿈을 이루고 싶다면 마이클 조던의 말에 귀를 기울이기 바랍니다. 그리고 포기하지 말고 끝까지 밀고 나아가야 합니다.

✽ 성공한 사람들의 성공요인 중엔 실패가 있지요. 그들 역시 실패를 했다는 것입니다. 하지만 그들이 성공할 수 있었던 것은 실패를 통해 지혜를 얻고, 더욱 분발하였지요. 실패는 의지가 약한 사람에겐 강하고, 의지가 강한 사람에겐 맥을 추지 못한답니다.

# 실수를 두려워하지 않기

수많은 작은 실수가
커다란 성공을 이끌어내는 법이다.
_ 장자

✳

커다란 성공을 꿈꾸는 사람들 중엔 실수를 두려워하고 패배하는 것을 무서워합니다. 그러다보니 정작 하고 싶은 일을 잘 시도하지 못합니다. 마음에서만 뱅뱅 맴돌다 그냥 놓아버리고 맙니다.

그러나 강한 마인드를 가진 사람은 우선 일을 벌려 놓고 봅니다. 어떻게 보면 무모하고 어리석은 짓 같지만 그런 사람들이 성공을 해도 크게 합니다. 망설이기만 하고 머뭇거리기만 한다면 아무것도 시작할 수 없지요.

장자는 수많은 실수가 커다란 성공을 가져오므로 실수를 겁내지 말라고 했습니다. 어떤 일이든 처음부터 누구나 잘 할 수 없는 것처럼 실수를 안 하고 일을 잘 해낼 수는 없는 것입니다.

사람은 나약한 존재이므로 실수를 밥 먹듯 하고 어리석은 짓을 물마시듯 합니다. 실수를 하니까 사람인 것입니다. 이런 평범한 진리를 왜곡하지 말고 노력을 아낌없이 바쳐야 합니다.

✳ 성공은 크던 작던 다 소중합니다. 성공을 하는 데는 그 만한 공을 들였기 때문이지요. 자신이 좀 더 큰 성공을 꿈꾼다면 그 계획에 맞게 최선으로 열정을 바쳐야 합니다. 열정의 무게에 따라 성공의 크기도 달라지니까요.

# 자신에게 최선을 다하기

인간은 남에게 선을 행할 때
자신에게 최선을 다 하는 것이다
_ 벤자민 프랭클린

남에게 잘 하는 사람은 당연히 자신에게도 잘 합니다. 남에게 잘 하면 좋은 에너지가 발생하여 기분이 좋아지고 긍정적인 자세가 되기 때문이지요. 자신으로 인해 상대방이 행복해하고 기분 좋아한다면 서로에게 즐거운 일입니다.

그러나 남을 괴롭히고 마음에 상처를 주고 아픔을 주면 자신에겐 더 큰 괴로움과 마음의 상처와 아픔이 되어 돌아옵니다.

인간은 맹자가 말한 대로 선한 존재이고, 순자가 말한 대로 악한 존재이기도 합니다. 인간은 동전의 양면처럼 양면성을 가진 이중적 존재입니다. 이성적 마인드를 갖게 되면 선한 존재 모드로 전환되고, 비이성적인 마인드로 모드가 전환되면 악한 존재가 됩니다.

그런데 다행히도 인간은 이 두 가지 마인드 모드를 자유자제로 변환시킬 수 있습니다. 그것은 바로 인간만이 할 수 있는 마음 조절인 마인드 컨트롤입니다.

자신의 마음이 원치 않는 방향으로 흐를 땐 제지할 수 있는 자제력을 길러야 합니다. 자제력은 참 좋은 성공요소랍니다.

❀ 자신에게 최선을 다하는 것처럼 아름다운 일은 없지요. 최선을 다하는 사람은 늘 자신감으로 충만하고, 여유가 있고, 매력적이지요. 성공도 최선을 다하는 사람을 좋아하고, 그에게 기쁨의 선물이 되어주지요.

# 말을 귀담아 듣기

말을 귀 담아 듣는 자를
꺼리는 자는 없다.
_ 잭 우드 포드

✽

가장 좋은 대화는 남의 얘기를 잘 들어주는 것입니다. 남의 얘기를 잘 들어주면 상대방은 그를 참 좋은 사람이라고 극찬할 것입니다. 우리가 함께 사는 이 시대는 '경청의 시대'입니다.

어느 날 데일 카네기가 어떤 모임에 갔습니다. 그 때 어느 식물학자를 만났는데 그가 나무를 비롯한 식물에 대해 열변을 토했습니다. 데일 카네기 또한 식물을 좋아해서 그의 얘기를 경청하며 가끔씩 "네에." 또는 "그랬군요." 하면서 창(唱)을 하는 사람 박자 맞춰주는 고수처럼 진지한 관심을 보여주었지요. 그리고 얼마 후 그에게 이런 소식이 들려왔습니다.

"데일 카네기는 대화의 명수다."라고.

그런데 이 말을 한 사람은 놀랍게도 지난 번 모임에서 만난 식물학자였습니다. 그는 자신의 얘기를 듣기만 한 데일 카네기를 최고로 극찬했던 것입니다.

이 일화에서 보듯이 사람은 누구나 자신의 얘기에 관심을 보이는 사람을 좋아하는 법입니다.

우리의 10대들도 누군가에게 인정받고 싶다면 상대방의 얘기를 잘 들어주어야 합니다. 최고의 대화법은 남의 얘기를 잘 들어주는 것이니까요.

✽ 남의 말을 잘 들어주는 것이 때론 말을 잘 하는 것보다 유익함을 주지요. 사람이란 자신의 얘기에 귀 기울여주는 사람에게 호감을 보이거든요. 그리고 그 사람에게 강한 신뢰를 보낸답니다.

# 진정한 기쁨

진정한 기쁨은
남의 짐을 대신 질 때 생긴다.
_ 독일 속담

❊

나 아닌 타인을 위해 산다는 것은 값진 일이며 아름다운 삶입니다. 대개 사람들은 자신의 삶에 매여 남을 돌아보는데 익숙하지 못합니다. 그만큼 남에게 시선을 준다는 것은 쉽지 않습니다.

슈바이처가 음악가의 삶과 신학박사의 삶과 도시에서의 편안하고 안락한 의사로서의 삶을 버리고, 아프리카 오지에서 풍토병과 싸워가며 살았던 것은, 남을 위해 산다는 것은 진정한 기쁨이라는 것을 알았기 때문입니다.

사랑과 헌신으로 우리 모두에게 큰 감동을 준 마가렛, 마리안느 수녀.

그들은 조국 오스트리아를 이십 대 초반에 떠나와 소록도에서 오십 년 이상을 한센병 환자를 돌보며 살다 칠십 대 할머니가 되어 떠나갔습니다. 그 오랜 세월 이국땅에서 한 평생을 바칠 수 있었던 힘은 무엇일가요?

그것은 종교적 소명에도 있겠지만 타인을 사랑하고 헌신하는 것을 삶의 보람과 기쁨으로 여겼기 때문입니다.

위대한 삶이란 인류를 위한 큰 업적에도 있지만, 타인을 위해 헌신하는 삶 또한 위대한 삶이라고 할 수 있습니다.

❋ 진정한 기쁨은 자신의 일을 통해서 얻게 되지만, 상대방을 통해서도 얻게 되지요. 자신이 누군가에게 도움이 되었을 때 얻게 되는 기쁨은 또 다른 느낌의 기쁨을 주지요. 타인에게 기쁨을 주는 사람은 더 큰 기쁨을 누리게 되니까요.

Part 07

# 신념을 가져라,
# 믿음으로 자신을 이겨내라

# 단 하나의 신념,
# 지금 그것을 하라

우리가 계획한 사업을 시작하는데
있어서의 신념은 단 하나이다.
지금 그것을 하라. 이것뿐이다.
_ 윌리엄 제임스

가장 나쁜 습관 중에 하나가 미루는 버릇입니다. 미루는 습관에 젖게 되면 무슨 일이든 미루려고만 합니다. 지금 못하면 이따 하면 되고, 오늘 못하면 내일 하면 되고, 내일 못하면 그 다음 날 하지 뭐, 라며 미루는 일에 대해 스스로를 합리화 시키지요.

이런 삶의 패턴에 젖어 있는 사람은 미루는 일에 대해 아무렇지도 않게 생각합니다.

많은 사람들이 부딪치며 사는 현실에서 오늘 해야 할 일을 미루다 보면 늘 남에게 뒤쳐질 수 밖에 없습니다. 그래놓고 자신이 하는 일이 잘 안되면 세상이 자신을 미워한다느니, 운이 없다느니 하며 불평불만을 터트립니다. 참으로 어리석은 일이 아닐 수 없습니다.

지금 해야 할 일은 지금하고, 오늘 할 일은 반드시 오늘 해야 합니다. 그래야 내일 할 일도 생기게 되고, 남과 같이 어깨를 나란히 하고 자신의 꿈을 향해 갈 수 있는 것입니다.

자신이 나태해 질 때마다 "지금 그것을 하라"는 윌리엄 제임스의 말을 상기하세요. 그리고 당장 실행하기 바랍니다.

✽ 할 일을 두고도 미루는 사람들이 있지요. 그런 사람들은 지금 못하면 내일 하면 되고, 내일 못하면 그 다음 날 하면 된다는 심리로 가득 차 있지요. 미루는 것은 나쁜 버릇입니다. 할 일이 있다면 지금 하기 바랍니다.

# 반드시 승리한다

가능하다고 믿는 사람이 반드시 승리한다.

_ 랠프 왈도 에머슨

✽

사람들은 크게 세 부류로 나눌 수 있습니다. 첫째는 무슨 일이든 가능하다고 믿는 긍정적인 인간형입니다. 둘째는 무슨 일이든 자신 없어 하는 부정적인 인간형입니다. 셋째는 무슨 일이든 이럴까 저럴까 망설이는 갈대 같은 인간형입니다.

같은 사람인데도 왜 이런 양상이 생기는 걸 까요?

그것은 각 개개인 마다 선천적인 성격에 기인하지요. 그리고 자라오면서 형성된 후천적인 영향 때문입니다.

한창 꿈과 몸과 마음이 자라나는 10대에 어떤 인격을 형성하느냐는 매우 중요합니다. 이때 형성된 마인드는 평생을 가니까요.

인생을 행복하게 살고 싶다면 자신이 하는 일은 그 무슨 일이라 할지라도 가능성을 믿고 시도하세요. 그 일은 누가 대신해주지 않습니다. 자신의 일은 오직 자신이 해야 합니다. 그런데 어떻게 자신의 일을 하면서 부정적으로 생각할 수 있을까요.

매사에 긍정하고 낙관적으로 실천해야 한답니다.

❀ 무슨 일을 하든 가능하다고 믿고 시작해야 합니다. 시작부터 자신감을 잃어버리면 가능한 일도 불가능한 일이 되어버리니까요. 가능성을 믿는 다는 것, 그것은 성공할 수 있다는 굳은 신념이지요.

# 잊지 말아야 할 것

오늘이란 날은
두 번 다시 오지 않는다는 것을 잊지 마라.
_ A. 단테

❋

세계 4대 시성(詩聖)가운데 한 사람인 이탈리아 시인 단테. 《신곡》으로 유명한 그는 오늘은 두 번 다시 오지 않는다고 일갈하였지요.

오늘은 오늘일 뿐이고, 그 오늘이 지나면 두 번 다시는 어제인 오늘은 오지 않습니다. 성공한 사람들은 하나같이 오늘을 잘 써야 한다고 말합니다. 결국 그들은 시간을 잘 써서 성공했던 것입니다.

영국의 사상가인 토머스 칼라일 또한 그의 시 〈오늘〉에서 시간을 소중히 여기라고 권면하였지요.

나는 그 시를 읽을 때마다 나의 게으름을 용납하지 말자며 거듭 다짐을 하곤 합니다. 그래서 일까, 나름대로 시간을 잘 관리하는 습관을 갖게 되었습니다.

시간은 거짓말을 하지 않습니다. 시간은 언제나 정직하지요. 다만 자신이 시간에게 거짓말을 할 뿐입니다.

인생을 성공적으로 산 사람들의 말은 그 어느 것 하나 버릴 것이 없는 만큼 소중히 여겨야 합니다. 그들의 가르침을 잘 받들어 실행을 하다보면 어느새 달라진 자신의 모습을 발견하게 될 것입니다.

❋ 시간을 잘 쓰는 사람은 24시간을 48시간, 72시간으로 가치 있게 씁니다. 하지만 시간을 못 쓰는 사람은 24시간을 12시간으로 또는 그 이하로 가치 없게 쓰지요. 시간을 잘 쓰는 사람이 되세요. 그 사람이 똑똑한 사람입니다.

# 우리의 생각

우리의 인생은
우리의 생각에 의해 만들어진다.
_ 마르크스 아우렐리우스

✽

사람은 누구나 자신의 인생을 디자인 하는 디자이너입니다. 다만 어떤 사람은 일류 디자이너이고, 또 다른 어떤 사람은 중급의 디자이너이고, 그리고 또 다른 디자이너는 삼류디자이너이지요.

일류디자이너는 자신의 인생을 일류로 디자인 합니다. 그래서 일류인생으로 살아가지요. 하지만 중급의 디자이너는 자신의 인생을 중급으로, 삼류디자이너는 자신의 인생을 삼류로 디자인함으로 중급인생으로 삼류인생으로 살아가는 것입니다.

로마의 황제이자 사상가인 마르크스 아우렐리우스.

그는 오늘을 사는 사람들에게 사막의 오아시스 같은 교훈을 줍니다. 그는 우리 인생은 우리의 생각에 의해 만들어진다고 했습니다. 참 명쾌한 금언이 아닌가 합니다.

마르크스 아우렐리우스가 성공한 인생이 될 수 있었던 것은 그의 철저한 긍정적 마인드에 있었던 것이지요.

우리의 10대들도 자신의 인생은 자신의 생각에 의해서 만들어 진다는 것을 잊지 말기바랍니다.

✽ 생각하는 대로 된다는 말이 있지요. 그렇습니다. 무슨 일이든 생각하는 대로 되지요. 부정적으로 생각하면 부정적인 결과를 낳고, 긍정적으로 생각하면 긍정적인 결과를 낳는답니다.

# 월트디즈니의 말

나는 불가능을 모른다.
나는 뛰어가서 기회를 잡았을 뿐이다.
_ 월트디즈니

❋

미키마우스 캐릭터로 전 세계 어린이는 물론 어른들을 동심의 세계로 끌어내며 만화영화의 일대 혁신을 일으킨 월트디즈니.

그는 지독한 가난 속에서 어린 시절을 보내야 했습니다. 어린 나이에 집안일을 돕느라 힘들어 했지만 동물 그림을 그리며 위안을 삼곤 했습니다. 비록 땅에다 그리는 그림이었지만 그림을 그릴 때 모든 것을 잊을 만큼 행복해했습니다. 그는 특히 생쥐 그리는 것을 좋아했습니다. 집안을 무시로 들락거리는 생쥐가 그의 눈에는 친밀감 있게 느껴졌던 것입니다.

월트디즈니는 청년기를 맞아 새로운 일을 펼쳐나가며 꿈을 키웠습니다. 하지만 그는 열정을 바친 사업에서 실패하고 말았습니다. 그러나 좌절하지 않았습니다.

그러던 어느 날 밤늦게 까지 일을 하던 그는 우연히 잊고 지냈던 생쥐 그림을 생각해냈고, 마침내 미키마우스를 탄생시켰습니다.

그는 불가능은 없다는 신념으로 꾸준히 노력한 끝에 크게 성공하여 세계사에 자신의 이름을 올렸습니다.

불가능을 믿지 마세요. 불가능을 뛰어넘어 인생의 승리자가 되어야 합니다.

❋ 지금 우리 앞에 놓여 진 모든 결과물들은 불가능을 믿지 않았기에 얻어진 축복의 산물입니다. 불가능은 할 수 있는 것들 까지도 가로막는 못된 마인드이지요. 불가능을 마음 속에서 깨끗이 치워버려야 합니다.

# 희망을 믿고 행하기

희망은 절대 당신을 버리지 않는다.
다만 당신이 희망을 버릴 뿐이다.
_ 리처드 브리크너

✿

희망이란 말은 언제 들어도 가슴을 뛰게 합니다. 마치 첫사랑을 만났을 때처럼 설레며 기쁨으로 들뜨게 하지요. 인간에게 희망이 없다면 인간은 살아갈 목적을 잃어버릴지도 모릅니다. 희망이 있기에 인간은 모진 시련에도 굳세게 맞서고, 새로운 날을 위해 자신을 바칩니다.

그런데 작은 시련 앞에 고개를 숙이고, 현실에서 도망을 친다면 희망은 슬퍼하며 그 사람 곁을 영영 떠나버릴지도 모릅니다.

희망은 사람을 가리지 않고 찾아오는 착한 인생의 손님입니다. 다만 어리석은 인간은 희망을 잃고 헤맬 뿐이지요. 희망은 자기를 좋아하는 인간에겐 관대하고 자신을 홀대하는 인간에겐 냉혹합니다.

우리의 10대들도 희망을 믿고 좋아할 것입니다. 그 소중한 희망이 언제나 자신 곁에 머물러 있게 하세요. 그 희망이 자신에게 빛이 되어 도와줄수 있게 땀 흘리며 아낌없이 살아야 합니다.

그렇습니다. 자신에게 진실할 사람을 희망도 좋아하는 법이니까요.

✿ 사람은 누구나 희망을 믿지요. 왜냐하면 희망은 사람들에게 꿈을 이루게 한다고 믿기 때문이지요. 이 좋은 희망을 마음에 품고 꿈을 향해 하루를 일 년 같이, 일 년을 십년 같이 열심히 달려가야 합니다.

# 길은 가까운 곳에 있다

길은 가까운 곳에 있다.
그런데 사람들은 헛되게도 멀리서 찾고 있다.
일은 해보면 쉬운 것이다.
시작을 하지 않고 미리 어렵게만 생각하고 있기 때문에
할 수 있는 일도 놓치는 것이다.
_ 맹자

등잔 밑이 어둡다는 말이 있습니다. 그런데도 어떤 사람들은 멀리서 길을 찾으려고 합니다. 이는 한치 앞을 보지 못하는 인간의 무지함 때문이지요. 멀리 보이는 것은 희미하지만 가까이에서 보는 것은 분명하게 보입니다.

똑똑한 사람들은 멀리서 길을 찾지 않습니다. 확실하고 분명한 것에서 자신의 길을 찾으려고 하지요.

미국 존스홉킨스의과대학 설립자인 윌리엄 오슬러, 투자의 귀재 조지 소로스, 세계 최고 영화감독 스티븐 스필버그, 세계 최고 부자 제프 베이조스, 남아프리카 공화국의 자유와 평화의 등불 넬슨 만델라, 맨 주먹으로 미국 여성 토크쇼의 대명사가 된 오프라 윈프리, 세계 최고의 베스트셀러 작가인 조엔 K. 롤링, 백년 만에 코카콜라를 제치고 승리한 펩시코의 여성 CEO 인드라 누이 등은 가까이 있는 확실한 길을 찾아 노력한 끝에 자신의 꿈을 이뤄낼 수 있었습니다.

'뜬구름 잡는다'라는 말이 있습니다. 뜬 구름은 그저 뜬구름일 뿐입니다. 꿈을 이루고 싶다면 눈에 보이지 않는 허황된 꿈에 사로잡히지 말고 분명한 길을 향해 도전해야 합니다.

❀ 가까운 곳에 길을 두고도 멀리 돌아가는 경우가 있지요. 인생도 마찬가지지요. 자신이 가야할 길이 가까이 있는데도 그것을 모릅니다. 우리의 10대들은 멀리서 찾지 말고 가까이에 있는 자신의 길을 걸어가세요.

# 노력 없는 성공은 없다

몸을 아끼지 않고 쓰러질 결심으로
나아가는 사람이 승리를 얻는다.
_ 동양 명언

✻

성심성의를 다한다는 말이 있습니다. 이 말은 일을 하는 사람으로서의
최선의 마음가짐을 뜻합니다. 성심성의를 다하다보면 몸을 아끼지 않을
때도 있고, 그 어떤 시련에도 쓰러지지 않는 의지를 불살라야 할 때도 있
습니다.

이런 마음가짐이라면 못 이룰 것이 없습니다.

그런데 무슨 일이든 건성건성하는 사람들을 보면 도무지 성의라고는
찾아볼 수 없답니다. 이런 사람들에게 일의 성과를 기대한다는 것은 무리
입니다. 이런 마음자세로는 무엇인들 제대로 할 수 없기 때문이지요.

세상의 모든 것은 사람과 사람사이의 일이든, 직장에서의 일이든, 공부
하는 일이든 성의 있는 자세와 지극한 마음으로 임해야 합니다. 자신의
정성을 들이지 않고 좋은 결과를 기대하지 마세요. 몸을 아끼지 않고 최
선을 다하는 사람에게 승리가 따르는 법이지요.

우리의 10대들은 이점을 꼭 명심해서 실천하기 바랍니다. 노력 없는 성
공은 그 어디에도 없으니까요.

✻ 자신이 원하는 일을 할 땐 몸을 아끼지 말아야 합니다. 꿈을 이루는 일에 몸을 아끼면 꿈도 그
무엇도 이룰 수 없지요. 한번 뿐인 자신의 인생을 위해 아낌없이 자신의 모든 것을 바치기 바
랍니다.

# 자연의 법칙

사람은 노력한 만큼 하늘에서 그 몫을 받는다.
힘들이지 않는 자에게
아무것도 주지 않는 것이 자연의 법칙이다.
_ 호레스

✿

　자연에 존재하는 꽃과 나무, 풀 등은 그대로 두어도 저절로 피고, 열매를 맺고, 씨를 남깁니다. 그리고 그 이듬해 봄 다시 꽃을 피우고 열매 맺기를 반복합니다. 이것은 자연의 섭리에 의해 생명이 순환되는 자연적인 현상이지요. 하지만 인간은 자기 대에서 무언가를 이루지 못한다면 그것으로 그 대는 끝나고 맙니다. 그런 비감한 결과를 남기지 않으려면 인간은 더 많은 노력과 힘을 기울여야 합니다. 그래야 자신이 애쓴 만큼 자신의 흔적을 남길 수 있는 것입니다.

　하나님은 수고하고 노력한 자에게 더 많은 것을 주고, 기쁨으로 그를 맞아줍니다. 하지만 게으르고 꾀만 부리는 자에게는 있는 것 조차 거둬들이지요.

　힘들이지 않고 잘 되기를 바라지 말아야 합니다. 자신의 인생이 꽃피고 향기를 드날리려면 수고를 아끼지 말아야 합니다.

　우리의 10대들은 자신을 꽃 피우기 위해 할 수 있는 한 최선을 다하기 바랍니다.

✿ 하나님은 일을 한 만큼 몫을 나누어주십니다. 10을 일한 자에게는 10을, 20을 일한 자에게는 20을, 80을 일한 자에게는 80을, 100을 일한 자에게는 100의 몫을 주신답니다.

# 꿀벌이 사는 법

분주히 움직이는 꿀벌은 슬퍼할 틈이 없다.

_ 윌리엄 블레이크

＊

봄날 꽃향기 물씬 풍기는 꽃밭에 가면 숨 쉴 새 없이 윙윙대며 꽃밭을 넘나드는 벌떼를 보게 됩니다. 어쩌나 부지런을 떠는지 귀가 따가울 정도지요.

벌은 부지런한 곤충의 대명사입니다. 꿀 한 방울이라도 더 얻기 위해 그 작은 날개를 퍼덕이며 일을 하는 벌들을 보고 있으면, 신기하기도 하고 감탄스럽기도 합니다.

가끔은 한낱 미물인 벌만도 못한 사람들을 보게 됩니다. 노력 없이 요행이나 바라며, 남의 것에 눈독을 들이는 사람들. 그들의 그릇된 생각은 그들을 잘못된 길로 나아가게 하지요.

국민을 위해서 일한다고 뽑아 준 일부 몰지각한 정치인이나 국민의 공복이라고 일컫는 공무원들이 검은 돈을 챙기다, 하루아침에 공들여 쌓은 탑을 와르르 무너뜨리고 한숨을 짓습니다.

사람이 사람인 것은 스스로를 책임질 줄 아는 데 있습니다. 자신을 책임지지 못한다면 그건 사람으로서 매우 수치스러운 일이지요.

아름다운 후일을 위해서라면 분주히 움직이는 꿀벌처럼 그렇게 살아야 합니다.

❀ 아무리 머리가 뛰어나고 재능이 출중하다고 해도 부지런한 사람은 따를 수가 없지요. 토끼라는 재능이 거북이라는 노력에 지고 말았으니까요. 노력을 이기는 재능은 어디에도 없습니다.

# 일하는 즐거움

단 일분도 쉴 수 없을 때처럼
행복한 일은 없다.
일하는 것, 이것만이 살고 있다는 증거다.
_ 장앙리 파브르

✱

《파브르 곤충기》로 유명한 장앙리 파브르.

그는 곤충들의 생태를 연구하기 위해 평생을 산으로 들로 강으로 바다로 숨 가쁘게 뛰어다녔습니다. 그는 들에서 산에서 먹고 자며 곤충들의 세계를 체계적으로 조사하고 연구하였지요.

때론 생명의 위협을 당하기도 했지만 그의 열정은 그 모든 것을 감당하는 힘이 되었습니다. 그 당시에는 곤충들에 관해 제대로 된 연구결과가 없었으므로 그가 하는 일은 더욱 힘들고 외로웠지요.

그럴수록 그는 마음을 단단히 옥죄었습니다. 중도에서 포기할 거면 애초에 시작도 하지 않았을 거라며, 스스로를 다독이며 연구에 박차를 가했습니다.

남들이 보기에 그가 하는 일은 대수롭지 않게 보이기도 했습니다. 곤충 연구가 인간에게 무슨 이득을 줄 수 있느냐는 게 보통 사람들의 생각이었지요.

파브르는 그 어떤 말에도 흔들리는 일 없이 연구에 매진하였습니다. 곤충의 연구가 인간들의 삶에 매우 중요한 것을 잘 아는 까닭이었지요. 자신과의 싸움을 이겨내고 마침내 곤충의 세계에 대한 다각적인 연구 결과가 발표되었습니다. 그리고 그의 노력의 결과는 많은 사람들의 찬사를 받으며 전 세계에 큰 파장을 불러일으켰습니다.

그는 단 일분도 쉴 수 없을 때가 행복하다고 했습니다. 그가 이뤄낸 대단한 업적은 그가 흘린 수 많은 땀방울이 만들어 낸 것입니다.

그렇습니다. 우리의 10대들은 공부는 물론 자신이 하는 일을 즐겁게 하세요. 공부도 일도 즐거우면 힘도 덜 들고 좋은 결과를 얻게 될 것입니다.

145

✽ 공부를 할 때도 일을 할 때도 즐겁게 해야 합니다. 즐겁게 해야 능률도 오르고 즐거움도 배가 되니까요. 공부도 일도 즐겁게 할 때 좋은 결과는 자연스럽게 따라온답니다.

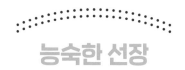

# 능숙한 선장

능숙한 선장은 폭풍을 만났을 때
폭풍에 반항하지 않고 절망도 하지 않는다.
늘 확고한 승산을 갖고 최후의 순간까지
최선을 다해 활로를 열려고 한다.
이것이 인생의 고난을 돌파하는 비결이다.
_ 맥도널드

능력 있는 유능한 지휘관은 어려운 상황에서 더욱 빛을 발합니다. 소나
기처럼 퍼붓는 폭탄 속에서도 침착하게 위기에서 벗어날 전략을 생각하
지요. 또한 자신의 안위보다는 부하들의 안위를 먼저 생각합니다.

이는 바다를 항해 하는 배의 선장도 마찬가지입니다. 유능한 선장은 한
치 앞을 분간할 수 없는 거센 폭풍우 앞에서도 흔들리지 않습니다. 자신
이 평정을 잃으면 선원들이 우왕좌왕 하며 갈피를 못 잡는다는 것을 잘
알기 때문입니다.

유능한 지휘관이나 선장처럼 개개인은 저마다 인생의 싸움터에서 지휘
관이며 인생의 바다를 향해하는 배의 선장이지요. 자신이 가는 길에 시련
과 고통이 앞을 가로막고 횡포를 부려도 당당하게 뚫고 나가야 합니다.
만일 그러지 못한다면 돌아오는 건 패배와 슬픔과 절망뿐이지요.

자신의 꿈을 위해 노력을 아끼지 마세요. 최선을 다하는 사람만이 기쁨
의 꽃을 피우고 달콤한 행복을 누릴 수 있는 것입니다.

❀ 삶을 멋지게 사는 사람은 인생이란 배를 능숙하게 항해했기 때문이지요. 자신이 멋진 인생이
되고 싶다면 능숙한 선장이 되어, 거센 풍랑을 이겨내고 항해의 목적지인 항구에 도착해야 합
니다. 그런 10대가 되기 바랍니다.

Part 08

# 노력은 고통을 주지만,
# 기쁨의 열매를 선물한다

# 장벽을 물리치는 법

어려움은 나뿐만 아니라 남에게도 있었고
그들은 그 어려운 장벽 앞에서도 굴하지 않고
힘차게 뚫고 나갔다는 것을 기억하라.
_ 노만 V. 피일

✽

인생을 살다보면 누구에게나 어려움은 도적같이 찾아옵니다. 도적이 올 때 나 언제 간다, 고 말하지 않는 것처럼 어려움 또한 언제 찾아들지 모릅니다. 그런데 어떤 사람은 자신에게만 어려움이 찾아오는 양 슬픈 얼굴을 하고, 한숨을 내쉬며 불평불만을 쏟아 놓습니다.

인간은 가장 똑똑한 동물이면서 가장 바보 같은 존재이지요. 그래서 어리석은 사람들은 똑같은 일을 반복하며 좌절합니다. 하지만 똑똑한 사람들은 똑같은 어리석음을 범하지 않습니다. 실패를 통해 똑똑해야 한다는 것을 가슴에 사무치게 느꼈기 때문이지요.

내가 어려우면 남도 어려운 법입니다. 자신만이 어려움을 다 뒤집어 쓴 것 마냥 굴지마세요. 동서고금을 막론하고 자신의 발자취를 남긴 사람들은 하나같이 어려운 장벽을 만나면 독하게 마음먹고 헤치고 나갔습니다. 그랬기에 보통사람들은 할 수 없었던 일을 성공으로 이끌어내었던 것입니다.

우리 10대들도 할 수 있습니다. 앞을 가로막는 장벽을 물리치고 힘차게 나가기 바랍니다.

✽ 어려움을 만났을 때 장벽을 물리치는 법은 어려움에 지지 않는 것입니다. 어려움에 지면 그대로 주저앉고 마니까요. 어려움의 장벽을 물리치려면 투철한 의지와 신념으로 포기하지 않고 끝까지 가야 합니다.

# 전심전력을 다 하기

오늘 하는 일에 전심전력을 다하라.
그리하면 내일 한 단계 발전할 것이다.
_ 뉴턴

✻

전심전력을 다하라는 말이 있습니다. 온 몸과 온 마음으로 최선을 다하라는 말이지요. 대개의 사람들은 이 말을 잘 알고 있고, 자주 씁니다. 하지만 그것을 잘 알면서도 잘 실행하지 못한답니다.

왜일까요? 의지가 박약하고 실천적 마인드가 결핍되었기 때문입니다. 가만히 앉아 있으면 단 돈 일원도 생기지 않습니다. 그런데 그걸 알고도 가만히 앉아 요행 따위나 바라며 한심하게 굴곤 하지요. 그러니 무슨 일을 해낼 수 있을 까요.

아무것도 제대로 못하면서 말만 많은 사람들은 이 말을 가슴 깊이 새겨야 할 것입니다.

"오늘 하는 일에 전심전력을 다하라. 그리하면 내일 한 단계 발전할 것이다."

이 얼마나 능동적이고 희망적인 말인가요. 이 글을 읽고 마음이 그 무엇으로 요동치지 않는 다면 성공하기를 꿈꾸지 마세요. 성공은 그런 사람을 제일 경멸한답니다.

✽ 무슨 일을 하던 전심전력을 다해야 합니다. 대충대충 해서 잘 되는 것은 없지요. 백수의 왕 사자는 작은 임팔라를 잡는데도 전심전력을 다합니다. 전심전력은 인생을 거는 것처럼 다 해야 합니다.

# 카루소의 의무

내 노래를 듣고자 하는 사람이
단 한 사람이라 할지라도
그곳이 또한 어디라 할지라도 나는 노래를 부르겠다.
그것이 나의 의무이다.
_ 엔리코 카루소

✿

이탈리아 가난한 집에서 태어난 엔리코 카루소.

어린 나이에 일을 하면서도 그는 노래의 꿈을 잃지 않았습니다. 언제나 멋진 가수가 되어 무대에서 열창을 하는 자신을 꿈꿨지요. 그는 시간이 날 때마다 노래를 불렀습니다. 노래를 부르면 힘들고 고달픈 일상이 기쁨으로 변했습니다. 그만큼 노래가 좋았지요.

그의 어머니는 아들에게 언제나 칭찬을 아끼지 않았습니다. 어떻게 해서라도 아들이 노래하도록 도와주고 싶었습니다. 그런 어머니의 마음을 잘 아는 카루소는 더욱 열심히 노래 공부를 하였습니다. 너는 노래할 목소리가 아니라는 비관적인 평가를 받기도 했지만, 어머니의 격려로 열심히 노력한 그는 마침내 무대에 섰고 그 결과는 대성공이었습니다.

이후 그는 세계 최고의 테너가 되었습니다.

그는 어디에서든 자신의 노래를 듣고 싶은 사람들에게 노래를 들려주었습니다. 대가수의 품위를 지키라는 충고에도 "내 노래를 듣고자 하는 사람이 단 한 사람이라고 할지라도 그곳이 또한 어디라 할지라도 나는 노래를 부를 것이다."라며 열정을 다해 노래를 불렀지요.

그러한 그의 행동은 사람들을 감동시켰고, 존경받게 했던 것입니다.

✿ 자신에 대한 의무는 자신의 인생을 후회 없이 사는 것이지요. 후회를 남기는 것은 수치스럽고 못난 일이니까요. 수치스럽고 못난 인생이 되지 않기 위해서는 자신에게 성실히 의무를 실행해야 합니다.

# 자신 있게 하라

믿는 일, 하고자 하는 일은 자신 있게 하라.
도중에 절대 포기하지 마라.
성공할 때 까지 밀고 나가라.
_ 앤드류 카네기

✱

강철 왕 앤드류 카네기.

그는 아메리칸 드림을 이루기 위해 낯선 미국 땅을 밟은 가난한 스코틀랜드 이민자였습니다. 그는 어린 나이에 주어진 일에 정성을 다해 일했지요. 열심히 일하는 그의 모습은 사람들에게 깊은 감명을 주었습니다. 그를 도와주는 사람들도 곳곳에서 나타났습니다. 그렇게 신임을 얻은 그는 안정적으로 자리를 잡아나갔지요. 그리고 마침내 철강 산업이 비전이 있다는 걸 알게 되어 영국으로 가서 제강법을 배웠습니다.

이후 그는 공장을 차려 본격적으로 철강 산업에 뛰어들었습니다. 그는 철저한 자기관리와 신뢰로 기업의 이미지를 살려나갔지요. 그리고 스무 가지 금언을 만들어 실천에 옮겼습니다. 또한 직원들을 인격적으로 대해 직원들에게 자부심을 심어주었습니다. 그렇게 노력을 아끼지 않은 그였기에 하나님은 성공이란 큰 선물을 그에게 안겨주었습니다.

마침내 그는 미국 최고의 기업가가 되었고 최고의 부자가 되었습니다. 그리고 그는 모든 재산을 사회에 환원함으로써 기부문화를 일으키며 존경받는 인물이 되었지요.

그의 성공 비결은 자신이 하는 일에 자신감을 갖고, 포기하지 않았으며 성공할 때까지 밀고 나간데 있습니다.

❀ 일을 하던 공부를 하던 자신 있게 해야 합니다. 자신감을 갖고 하는 것과 자신감 없이 하는 것은 천지 차이지요. 무엇을 하던 자신 있게 하세요. 자신감만으로도 이미 반은 이룬 셈이니까요.

# 불행을 생각하지 마라

내 생애는 불행으로 가득 차 있을 것처럼 생각했다.
그러나 그 생각은 틀렸다.
내가 생각하는 불행은 그다지 일어나지 않았다.

_ 미셀 드 몽테뉴

✽

미리 불행을 점치는 사람은 지독히도 부정적인 사람입니다. 이런 사람은 무엇을 해도 부정적이고 비관적이지요. 그러니 무슨 일을 제대로 할 수 있겠는지요.

사람은 무엇을 할 때 마음이 가장 중요합니다. 어떤 마음을 갖느냐에 따라 일의 결과는 달라지기 때문입니다.

프랑스 사상가 미셀 드 몽테뉴.

그 역시 자신의 생애는 불행으로 가득 차 있을 것처럼 생각했습니다. 그러나 그의 생각은 틀렸습니다. 그가 생각하는 불행은 그다지 일어나지 않았지요. 그는 자신의 잘못된 마음을 고백했습니다.

몽테뉴의 말에서도 알 수 있듯이 일어나지도 않은 일에 대해 미리 불행을 생각하고 걱정하지만, 그런 일은 좀처럼 일어나지 않는다는 것입니다.

어리석은 자는 불행을 말합니다. 하지만 지혜로운 자는 행복을 말합니다. 행복을 꿈꾼다면 일어나지도 않은 일에 대해 안 되면 어떡하지, 잘못되면 안 되는데, 하고 미리 걱정함으로 불행을 말하지 마세요.

믿는 대로 되는 게 인생의 법칙이랍니다.

✽ 낙관적인 사람은 최악의 상황에서도 희망을 생각하지만, 비관적인 사람은 최상의 상황에서도 불행을 생각하지요. 어떤 상황에서도 낙관하고 미리 불행을 생각하지 말아야 합니다.

# 즐겁게 하기

자신이 하는 일이 즐거워지도록 노력하라.
그렇게만 할 수 있다면 일이 힘든 것이 아니라
즐거운 것이 될 것이다.

_ 노만 V. 피일

✱

일을 즐겁게 하면 그냥 하는 것보다 몇 배의 능률이 오릅니다. 즐거움은 사람의 마음을 능동적으로 바꾸어 놓아 일의 진행 속도를 빠르게 만듭니다. 또한 힘든 일도 가뿐하게 처리하도록 에너지를 북돋워 주지요.

즐거운 마음은 생산적인 마인드입니다. 그래서 생산적인 마인드는 창의적이고 진취적이고 도전적이지요. 생산적인 마인드는 일에 효율성을 높여줍니다.

즐거움은 동물이나 식물에게도 똑 같은 반응을 나타낸답니다. 경쾌한 음악을 듣고 자란 소는 발육이 빠르고 우유 양도 많다고 합니다. 뿐만 아니라 고기의 육질도 좋습니다. 그리고 음악을 들려준 꽃은 더 향기도 좋고 발육이 좋습니다.

즐거움은 사람에게도, 동물에게도, 식물에게도 긍정적인 영향을 줍니다. 즐거움은 내재된 에너지를 끌어 올려 주기 때문이지요.

우리의 10대들은 자신이 하는 공부가 즐거워지도록 노력해야 합니다. 공부가 즐거울수록 잘 될 수 있는 확률은 그만큼 높아지는 것이니까요.

✿ 일을 즐겁게 하는 사람은 일을 지배 하지만, 마지못해 하는 사람은 일에 끌려가는 사람이지요. 능률적으로 일하기 위해서는 즐겁게 일하는 습관을 가져야 합니다. 공부도 마찬가지입니다. 즐겁게 하면 그만큼 좋은 결과를 얻게 된답니다.

# 간절히 원하라

무언가를 간절히 원할 때
온 우주가 소망이 실현되도록 도와준다.
_ 파울로 코엘료

✽

브라질 출신의 세계적인 작가 파울로 코엘료

그는 대표작《연금술사로》우리에게 매우 친숙한 사람입니다. 자아를 찾아가는 한 젊은이의 여정을 그린 마치 동화 같은 소설은, 어린왕자의 순수성을 보는듯한 착각에 빠지게 하지요.

《베로니카 죽기로 결심하다》,《피에트라 강가에서 나는 울었네》,《11분》,《오자히르》등 그의 작품은 성경을 우화로 풀어쓴 듯 가깝게 다가옵니다. 특히《연금술사》는 전 세계적으로 3,000만부나 팔린 초베스트셀러이지요.

그가 처음부터 소설가의 길을 걸어 온 것은 아닙니다.

그는 꿈 많은 10대 시절 세 차례나 정신병원에 입원한 병력을 가지고 있습니다. 그리고 청년시절에는 브라질 군사 독재에 항거하며 반정부활동을 펼치다 두 차례나 감옥에 갇혀 고문을 당했지요.

이후 그는 히피문화에 빠져 록밴드를 결성해 120여 곡을 써서 브라질 록음악에 막대한 영향을 끼쳤습니다. 그리고 저널리스트로, 배우, 희곡작가, 연극 연출가, 텔레비전 프로듀서 등 다양한 분야에서 일을 하며 자신의 영역을 넓혀나갔습니다.

그는 1982년 떠난 유럽 여행에서 신비로운 체험을 경험한 뒤 세계적인 음반회사 중역자리를 버리고 산티아고 데 콤포스텔라로 순례를 떠났지요. 그리고 그 경험을《순례자》라는 소설로 쓰며 작가의 길로 들어섰습니다. 그는 이듬해 그의 성공작인《연금술사》를 썼고, 그 후 성공한 작가로서 전 세계에 폭넓은 독자층을 가지고 있습니다.

그는 프랑스 정부로부터 '레지옹 도뇌르'훈장을 받았습니다. 그리고 그는 브라질에 '코엘료 인스티튜트'라는 비영리단체를 설립해 빈민층 어린이와 노인들을 위한 자선사업을 벌이고 있습니다. 또한 그는 2007년부터 유엔평화대사로 활동하고 있습니다.

한 마디로 그는 누구보다도 치열하게 살아왔고, 그 결과 행복하게 살아가는 이 시대의 위대한 작가이지요.

그가 세계적인 작가가 될 수 있었던 것은 무언가를 간절히 원할 때 온 우주가 소망이 실현되도록 도와준다는 그의 간절한 믿음 때문이었습니다.

자신의 꿈을 실현시키기를 원한다면 간절히 원하고 실천해야 합니다.

✿ 자신이 얻고 싶은 것이 있다면 간절히 원하세요. 그냥, 잘 됐으면 좋겠다가 아니라 온 마음으로 기도하는 간절한 원함을 보여야 합니다. 간절한 기도는 반드시 이루어지는 법이니까요.

# 실천력을 기르기

일단 어떤 결단을 내리면
그 다음에 해야 할 일은 오직 실천뿐이다.
그 결과에 대한 책임과
걱정은 완전히 버려야 한다.
_ 윌리엄 제임스

✿

무슨 일을 하던 실천은 매우 중요합니다. 실천이 따르지 않는 꿈은 아무런 소용이 없습니다. 그것은 마치 설계도만 있고 철근과 벽돌을 쌓지 않는 것과 같습니다. 설계도만 있다고 빌딩이 절로 지어지는 것은 아니지요.

대개의 사람들은 꿈은 갖고 있지만 실천력이 약한 것이 흠입니다. 그런데도 실천력을 기르려고 하지 않습니다. 그냥 어떻게 되겠지, 하고 생각합니다. 이런 생각은 자신의 발전을 가로막을 뿐입니다.

죽을 듯이 살면 못할 것이 없습니다. 죽기보다 더한 고통은 없질 않던가요. 그렇다면 무엇인들 못할까요. 자신의 실천을 가로막는 그 어떤 생각이나 방해에도 절대 밀리지 말아야 합니다. 밀리는 순간 돌아오는 것은 패배며 고통뿐입니다.

그리고 실천을 했을 경우엔 그 결과에 대한 책임과 걱정은 완전히 버려야 합니다. 그래야 자연스럽게 자신의 꿈을 이룰 수 있습니다.

그렇습니다. 반드시 자신의 꿈을 이루고 행복한 인생이 되기 바랍니다.

✿ 무언가를 하기로 결정했으면 그 다음은 오직 그 일을 실행하는 것입니다. 결정만으로 되는 것은 아무것도 없으니까요. 그런데 어떤 사람들은 결정만 하면 일이 저절로 되는 것처럼 여기는데, 이를 조심해야 합니다. 실행이 따르지 않으면 그 어떤 것도 이루어지지 않으니까요.

# 끝까지 해내기

우리는 포기하지 않을 것이다.
우리는 끝까지 해낼 것이다.
우리는 결코 항복하지 않을 것이다.
_ 윈스턴 처칠

❋

세계사에 자신의 족적을 가장 뚜렷이 새긴 사람 가운데 대표적인 한 사람인 윈스턴 처칠.

작은 키에 뚱뚱한 몸, 주먹코에 파이프 담배를 물고 있는 인상적인 처칠, 처칠은 그렇게 전 세계인들에게 기억 되고 있습니다.

그는 제2차 세계대전을 물리친 영국의 전쟁영웅이지요. 영웅이 된 그는 자연스럽게 국민의 절대적 지지를 받으며 영국 수상을 두 번이나 역임했습니다.

그는 공부는 잘 하지 못했지만 책을 좋아하고, 말을 논리적으로 잘 했으며 리더십이 탁월했습니다. 이와 같이 그는 약한 공부에서 오는 부족함을 자신만의 강점을 최대한 살리는 데 집중했고, 무슨 일에서든 포기하지 않는 강한 마인드를 앞세워 자신이 원하는 것을 손에 넣을 수 있었습니다.

한 마디로 그가 성공할 수 있었던 것은 포기하지 않는 절대적 인내력에 있었습니다. 그의 그런 강인한 마인드는 경쟁이 치열한 정치판에서 그의 존재를 확실하게 각인 시킬 수 있었습니다.

그의 성공은 무서울 정도로 저돌적이고 절대 물러남이 없는 불굴의 의지에 있었지요. 포기하지 않는 강렬한 정신력이 곧 성공의 비법입니다.

❋ 일을 할 때 포기하지 않는다면 어떤 결과든 얻을 수 있지만, 포기하면 그 어떤 결과도 얻지 못하지요. 인생을 살아가다보면 어쩔 수 없이 포기해야 할 때가 있는데, 이를 제외하면 절대 포기하지 말아야 합니다.

# 습관은 노력에서 온다

모든 습관은 노력에 의해 굳어진다.
잘 걷는 습관을 기르기 위해서는 많이 걷고,
잘 달리기 위해서는 많이 달려야 한다.
_ 에픽테토스

✽

고대 그리스 스토아학파의 대표적 철학자인 에픽테토스.

그는 노예였지만 탁월한 식견을 가진 대단한 실력자였습니다. 운명은 그를 노예로 태어나게 했지만 그는 선천적인 운명에 굴하지 않고 존경 받는 철학자가 되었습니다.

그 또한 습관의 중요성에 대해 역설하였습니다. 그리고 습관은 노력에 의해 굳어진다고 했지요. 다시 말한다면 습관도 노력이 따라야 한다는 것입니다. 같은 행동을 줄곧 하다보면 그것이 몸에 배어 습관이 됩니다. 그가 말한 습관도 노력에서 굳어진다는 말은, 무슨 일이든 노력이 따라야 한다는 것을 단적으로 말해주는 의미 있는 말이 아닐 수 없습니다.

달리기를 잘 하는 사람은 많이 달린 사람이고, 활을 잘 쏘는 사람은 활을 많이 쏴 본 사람이고, 축구를 잘 하는 사람은 축구를 많이 해본 사람입니다. 무엇이든 한 가지를 꾸준히 오랫동안 하다보면 습관이 되는 것입니다.

노력과 습관은 불가분의 관계이지요. 좋은 습관을 들이려면 꾸준히 노력해야 합니다. 사람이 노력해서 안 되는 일은 아무것도 없답니다.

✽ 습관과 노력은 불가분의 관계에 있지요. 왜냐하면 습관을 들이기 위해서는 노력이 필요하기 때문이지요. 좋은 습관을 들이기 위해서는 반드시 반복적인 노력을 해야 합니다. 습관은 노력입니다.

# 불가능은 없다

세상에 불가능은 없다.
단지 우리가 가능한 방법을 모를 뿐이다
_레리슨 커드모어

✱

세상에 존재하는 모든 것들은 저마다의 방법으로 살아갑니다. 풀 한포기, 나무 한 그루, 작은 곤충은 물론 사람에 이르기 까지. 하지만 저마다의 방법에서 다른 문제가 돌출될 땐 당황해하며 어쩔 줄을 모를 때가 있습니다. 특히 사람들에게 있어서는 더욱 그렇습니다.

그렇지만 어떤 일이든 문제를 해결할 수 있는 가능한 방법이 있기 마련입니다. 다만 그것을 모를 뿐이지요. 그런데 사람들 중엔 가능한 방법을 찾으려고 하는 쪽 보다는 스스로 포기하는 쪽이 더 많다는 게 문제입니다. 하지만 과거에는 불가능했던 것들도 지금에 와서는 하나씩 다 이루어지고 있습니다. 그 당시에는 방법을 몰라서 실행을 못했지만 지금은 방법을 찾아내 실행하기 때문이지요.

현재에 우리가 알고 있는 모든 지식이나 원리는 연구하고 노력한 끝에 찾아낸 결과물입니다.

세상에 불가능은 없습니다. 가능한 방법이 있지만 다만 우리가 그것을 모를 뿐이지요. 그렇다면 문제는 간단합니다. 가능한 방법을 찾아야 합니다.

그렇습니다. 가능한 방법을 찾는 지혜로운 10대가 되기 바랍니다.

✱ 세상에 존재하는 일엔 그 일을 해결하는 가능한 방법이 있지요. 그런데 어떤 것은 아무리 찾아도 방법을 잘 모르는 것도 있습니다. 그래서 불가능이라는 말도 생겼지요. 하지만 그것을 뛰어넘은 사람들이 있는데, 그들을 위인이라고 하지요. 위인들이 그랬듯이 불가능을 뛰어넘는 10대가 되기 바랍니다.

# Part 09

# 배움과 열정,
# 아는 것의 즐거움을 즐겨라

# 스스로의 지배력

이 지구상에는 아직도 큰 사업을 일으킬 여지가 있다.
나에게는 일하고 공부하는 것이 전부이다.
내가 원하는 것이
스스로의 지배력이지 명예가 아니다.
_ 괴테

스스로를 다스리고 컨트롤할 수 있는 것처럼 자신에게 큰 힘이 되어주는 것은 없습니다. 자신이 자신을 컨트롤 한다는 것은 쉬운 것 같지만 실상은 제일 어려운 것입니다.

노자는 "남을 설복시킬 수 있는 사람은 강한 사람이다. 그러나 자신을 이기는 사람은 더욱 강한 사람이다."라고 했습니다. 남보다 자신을 이기는 것은 그 무엇보다 힘들고 어렵지요. 왜냐하면 사람은 누구나 남에게는 냉정하지만 자신에게는 한없이 관대하기 때문입니다.

괴테는 자신이 원하는 것은 스스로의 지배력이라고 했습니다. 스스로의 지배력은 괴테에게 있어서는 명예보다도 중요했기 때문이지요. 그리고 괴테에겐 일하고 공부하는 것이 전부일 만큼 중요했습니다. 그것은 그가 스스로를 지배할 수 있는 것이라고 믿었기에 그렇게 여긴 것이지요.

자신을 이기는 사람, 그는 진정으로 강한 사람입니다.

❋ 자신이 자신을 통제하는 것처럼 어려운 일은 없습니다. 왜냐하면 인간은 자신에겐 한없이 관대하기 때문이지요. 그래서 자신에게 관대한 사람은 발전 가능성이 떨어지지요. 하지만 자신을 통제할 줄 아는 사람은 발전가능성이 많지요. 자신을 통제하는 능력을 길러야 합니다.

# 실력을 길러라

현대에 있어서 행동의 수단은 실력이어야 한다.
가문과 문벌 같은 것은 필요 없다.
_ 오노레 드 발자크

✿

현대를 '실력의 시대'라고 합니다. 어느 분야에서든 실력이 있는 자가 최후의 승리자가 되지요. 실력만 있다면 그만큼 기회는 많습니다. 기회는 실력을 갖춘 사람을 좋아하고 그 사람에게 행복의 파랑새가 되어주지요.

과거에는 가문을 따지고 학벌을 따졌지만 앞으로는 실력을 갖추었느냐 못 갖추었느냐를 더 보는 시대가 될 겁니다. 실력은 곧 그 사람의 가치를 말해주지요. 그 만큼 실력을 중요하게 여깁니다.

여기서 한 가지 짚고 갈 일은 실력과 학벌은 별개 문제라는 것입니다. 실력이 좋다고 학벌이 좋은 것은 아니며, 반대로 학벌이 좋다고 실력이 더 월등한 건 아니지요.

물론 아직은 우리 사회가 실력보다는 학벌을 더 중시하는 건 사실입니다. 이는 반드시 고쳐져야 할 우리 사회의 과제지요.

어쨌거나 실력은 매우 중요합니다. 우리의 10대들이 현대 사회에서 자신의 길을 확고히 하고 성공적인 인생이 되고 싶다면 실력을 쌓아야 합니다.

실력이 곧 최고의 자산이니까요.

✿ 실력이 있는 사람과 실력이 없는 사람의 차이는 외모로는 잘 모르지요. 하지만 그 사람이 입을 여는 순간 차이점이 확연히 드러나지요. 실력이 있는 사람의 목소리엔 자신감이 넘치지만 실력이 없는 사람은 자신감이 없기 때문이지요.

# 배움의 즐거움

내가 일찍이 종일 먹지 아니하고
잠자지 아니하고 생각하여도 유익함이 없나니,
배움만 같지 못하였다.

_ 공자

인생에서 배운다는 것은 소중한 일입니다. 평생을 배워도 다 못 배우는 게 배움입니다. 또한 시작은 있어도 끝이 없는 게 배움이지요. 불치하문(不恥下問)이라는 말이 있습니다. 나 보다 나이가 어려도 부족함이 있는 사람에게도 배울게 있으면 배워야 함을 뜻하는 말이지요.

그리고 《탈무드》에 보면 "만나는 사람 모두에게서 무엇인가를 배울 수 있는 사람이 세상에서 가장 현명한 사람이다."란 말과 "모르는 것을 묻지 않는 것은 쓸데없는 오만 일뿐 그것은 아무것도 아니다."라는 말이 있습니다. 이는 배움의 가치와 중요함을 잘 나타낸 말입니다.

유대인이 세계에서 가장 우수한 민족이 될 수 있었던 것은 배움을 소중히 여겼기 때문이지요.

예로부터 배움을 소홀히 하고 우습게 아는 사람을 야만족이라고 낮춰 불렀습니다. 배운다는 것은 깨달음을 얻기 위함이고, 사람은 깨달음을 통해 새로운 진리와 참 행복을 느끼게 되는 데 야만족은 그러지 못하다는 것이지요.

배움을 모르는 것은 짐승이나 다름없습니다. 우리의 10대들은 배움의 즐거움을 알고 배우고 익히는데 열정을 기울여야 하겠습니다.

✽ 배움의 즐거움을 알면 한시도 아니 배우고는 못 배기지요. 그러나 배움의 즐거움을 모르면 배움처럼 지루한 것이 없지요. 인간이 인간인 까닭은 배움은 인간만이 할 수 있는 유일한 것이기 때문입니다.

# 학문과 독서

학문과 독서에 있어 모름지기
권태와 번뇌를 참아야 한다.
_ 주자

✳

공부를 재미있어 하는 사람도 있지만 안 하면 안 되니까, 하는 사람이 더 많다는 것은 극히 상식적인 일입니다. 사실 공부가 좋아서 하는 사람은 별반 되지 않습니다.

공부는 사람을 힘들게 하기 때문이지요. 우선 앉아 있어야 하고, 놀고 싶어도 참아야 하고, 외울 것은 외워야 하니까 그 또한 쉽지 않습니다. 그래서 학문과 독서는 인내가 따라야 하고 그 반면에 권태와 번민이 따르는 법이지요. 하지만 권태와 번민은 인내심만 있다면 얼마든지 극복할 수 있습니다.

언제가 텔레비전을 보니 칠십이 넘은 할머니가 대학을 졸업하고 대학원을 졸업하였다고 했습니다. 그것만으로도 대단한 일인데 박사과정까지 하겠다고 합니다. 할머니가 그토록 배움에 열정을 갖는 건 어린 시절 집이 가난해서 하고 싶은 공부를 못했기 때문이라고 했습니다. 그래서 나중에 공부할 여력이 생기면 그 때 공부하겠다고 스스로에게 다짐을 하였다는 군요. 그리고 결혼을 하고 자식들을 다 키운 후 공부를 시작했고, 어려움을 이겨내고 마침내 석사과정까지 마쳤던 것입니다.

실로 놀라운 일입니다. 사람이 해서는 안 되는 일이 없음을 보여준 할머니의 실천력은 깊은 감동 그 자체였습니다.

우리의 10대들도 충분히 할 수 있습니다. 마음을 굳게 먹고 독하게 실천하기 바랍니다.

✳ 배움은 끝이 없는 광활한 우주와 같고, 늘 새로이 피어나는 꽃과 같이 향기를 품고 있지요. 모르는 것을 알아가는 재미는 배움이 으뜸이지요. 참 배움은 독서를 통해 이루어지는데, 꾸준한 독서력이 배움의 폭을 넓혀준답니다.

# 훌륭한 사람을 배우기

훌륭했던 사람들의 일생을 배우라.
그들이 무엇을 소원했으며 무엇을 소중히 했는지를.
사람은 무엇을 동경하느냐에 따라 인품이 결정된다.

_ 사카레이

롤 모델이란 말이 유행처럼 돌고 있습니다. 자신이 닮고 싶은 사람을 인생의 목표로 삼아 노력한다는 것은, 그 어떤 것보다도 성공적인 인생이 될 수 있는 확률을 높여줍니다.

가곡의 왕 슈베르트는 베토벤을 존경하고 닮기를 원했지요. 그래서 그는 부지런히 베토벤을 따라하였습니다. 그 결과 그 역시 유명한 음악가가 되었지요. 어디 그뿐인가요. 뉴턴을 존경한 아인슈타인은 역시 최고의 과학자가 되었고, 루소를 존경한 톨스토이는 최고의 소설가가 되었습니다. 그리고 세계 테너계의 전설 엔리코 카루소를 존경했던 루치아노 파바로티 또한 세계 최고의 테너가 되었습니다.

훌륭했던 사람들의 일생을 배운다는 것은 산지식을 배우는 것입니다. 산지식처럼 확실하고 명확한 가르침은 없지요.

자신이 성공한 인생으로 살기를 원한다면 "사람은 무엇을 동경하느냐에 따라 인품이 결정된다."는 사카레이의 말을 가슴에 품고 독하게 실행해야 합니다. 그것이 가장 확실한 성공비법이니까요.

❋ 인생을 성공적으로 산 사람들은 가장 확실한 인생 교과서지요. 그들의 삶은 이미 검증받은 공인 인생이니까요. 특히 자신이 존경하는 인물을 배우세요. 그들의 습관, 그들의 가치관, 인격 등은 좋은 인생의 비타민이지요.

# 배움은 경쟁력이다

배움을 멈추지 말아야한다.
날마다 한 가지씩 새로운 것을 배우면
경쟁자의 99%를 극복할 수 있다.
_ 조 카를로즈

평생을 배워도 모자라는 게 배움의 길입니다. 배움은 그 만큼 깊고 높습니다. 그런데 배움을 단기간적으로 생각하거나 일정하게 정해진 기간만 하는 거라고 생각한다면, 배움의 의미를 잘 모르는 것이지요.

배움은 광야를 달리는 무적의 전차와 같아서 참된 배움은 열정 없이는 할 수 없습니다. 그냥 일정한 기간만 끝내면 다 배웠다고 생각하지요.

동양의 공자나 서양의 소크라테스, 우리나라의 이황 같은 분들은 배움을 중시하여 많은 제자들을 배출해 내는데 평생을 바쳤습니다. 그들이 이렇게 자신의 인생을 가르치는 일에 바칠 수 있었던 것은, 배움이란 세상 그 무엇보다도 가치 있는 일이라 여겼기에 가능했습니다.

"날마다 한 가지씩 새로운 것을 배우면 경쟁자의 99%를 극복할 수 있다."는 조 카를로즈의 말은, 배움의 효율성과 가치에 대해 잘 말 해주고 있습니다.

배움이 강물처럼 흐르는 나라는 꿈이 있고 밝은 미래가 있습니다. 하지만 배움이 지지부진한 나라는 꿈도 희미하고 어두운 미래가 넘실거릴 뿐이지요.

배움을 멈추지 마세요. 배움은 가장 진실한 인생의 길입니다.

❋ 학교를 졸업하면 배움과는 담을 쌓고 지내는 사람들이 참 많습니다. 그러나 그것은 잘못된 생각이지요. 진정한 배움은 평생 하는 것이지요. 요즘은 평생교육이념에 따라 가르침을 주는 곳이 많지요. 틈틈이 배움을 가져야 합니다. 더욱이 우리 10대들은 배움의 즐거움을 한껏 즐겨야 하겠습니다.

# 가장 행복한 삶

우리 내면의 가장 훌륭한 점을
꾸준히 훈련시키고 교육하는 것이야말로
가장 행복한 삶이다.
_ 필립 G. 해머튼

아무리 좋은 외적인 환경을 갖고 있다고 해도 내면이 알차지 못하면, 작은 시련이나 변화에도 흔들리게 됩니다. 하지만 내면이 알찬 사람은 외적인 환경이 취약해도 절대 흔들리거나 방황하지 않습니다.

내면이 알차다는 건 단단하고 견고한 마인드를 소유했다는 거지요. 이런 사람은 매사에 능동적이고 긍정적입니다. 그래서 희망적이고 미래지향적입니다.

단단하고 견고한 마인드를 기르기 위해서는 어떻게 해야 할까요?

첫째, 내면을 강화시키는 글을 꾸준히 읽고 기도를 해야 합니다. 둘째, 늘 긍정적으로 생각하고 능동적으로 행동해야 합니다. 셋째, 부정적이고 비관적인 생각을 버리고 그런 말도 하지 말아야 합니다.

이 세 가지를 꾸준히 실천하다보면 단단하고 견고한 마인드를 갖게 되지요. 내면이 견고하고 단단해야 어떤 시류에도 휩쓸리거나 흔들리지 않고 행복한 인생이 될 수 있습니다.

필립 G. 해머튼의 말처럼 자신 내면의 가장 훌륭한 점을 꾸준히 훈련시키고 교육하여, 행복한 사람이 되는 것이 승리한 인생입니다.

✽ 《탈무드》에 배우는 것을 소홀히 하지 말라는 말이 있습니다. 유대인들은 그들의 민족 서이자 지혜서인 《탈무드》의 가르침을 평생 따릅니다. 그들은 배움을 행복으로 여기지요. 그 결과 세계에서 가장 우수한 민족이 되었지요.

# 최고의 자산

평생 배우기에 힘써야 한다.
당신의 정신과 당신의 머리에 집어넣는 것,
그것이 당신이 가질 수 있는 최고의 자산이다.
_ 브라이언 트레이시

✱

최고의 자산이 무엇이냐고 묻는다면 돈이다, 아니다, 라는 대답으로 갈릴 것입니다. 하지만 그것을 비율로 보면 돈이다, 라는 쪽이 월등히 많습니다. 대개의 사람들은 돈이 많아야 행복하다고 말하지요. 맞는 말입니다. 없는 것 보단 백 번 천 번 나으니까요.

그러나 돈보다 더 중요한 것은 배움이라고 브라이언 트레이시는 말합니다. 머리에 집어넣는 지식은 죽기 전에는 사라지지 않습니다. 그 반면에 돈은 있다가도 어느 순간 없어지기도 하지요.

배움이란 '무형의 자산'입니다. 배움이 깊은 사람은 어디를 가든 굶어 죽지 않습니다. 가르침을 통해 먹을 것도 해결할 수 있고, 선생님이라고 깍듯이 예우까지 받습니다. 남에게 배움을 준다는 것은 존경받아 마땅한 일이기 때문이지요.

자고로 배움 앞에 자랑하지 말라고 했습니다. 배움은 그 어떤 것보다도 우위를 점하지요. 그래서 스승은 그림자도 밟지 않는다고 했습니다.

우리의 10대들은 평생을 배우는 자세로 살아가세요. 배움은 인간에게 최고의 가치이자 최고의 자산인 것입니다.

✽ 최고의 자산이 될 만한 것을 순위를 매겨 첫째는 부동산이며 둘째는 저축 및 유가증권이며 셋째는 배움이라고 한다면, 사람에 따라 순위가 바뀔 수 있지요. 사람마다 가치기준이 다르기 때문이지요. 우리의 10대들은 배움을 몇 번째에 놓고 싶은가요? 잘 생각해보기 바랍니다.

# 힘써 배우고 익히기

청춘은 다시 돌아오지 않고
새벽은 하루에 한 번 뿐이다.
좋은 시절에 부지런히 힘쓸지니
세월은 사람을 기다려주지 않는다.
_ 도연명

✳

나는 중국 남송시대 시인인 도연명의 이 시를 대할 때마다 현재라는 시간을 매우 중요하게 생각하곤 합니다. 그의 시는 지금이란 시간의 중요성을 너무도 잘 포착해냈기 때문이지요.

성년부중래(成年不重來) 일일난재신(一日難再晨)

급시당면려(及時當勉勵) 세월부대인(歲月不待人)

앞에 시는 도연명의 시 원문입니다. 그가 시에서 표현한 대로 한 번 지나간 청춘(10대)은 두 번 다시는 돌아오지 않습니다. 이순을 지나고 나니 다시 청춘이 되고 싶은 마음이 간절해지는군요.

특히 내게 10대 학창시절이 다시 주어진다면 내가 하고 싶은 것을 맘껏 해 보고 싶기 때문입니다. 그런데 그렇게 할 수 없으니 10대가 얼마나 소중하고 간절한지를 잘 알 것입니다.

도연명의 시에서 보듯 우리 10대들은 자신을 계발하고 충전시키는데 부지런히 힘써야 합니다. 그래야 후회가 적은 법이지요. 후회하지 않는 인생이 되고 싶다면 10대를 소중히 하고 알차게 보내세요.

세월은 사람을 기다지지 않고 자꾸만 앞으로 가는 에고이스트(고집쟁이)임을 절대 잊지 말기 바랍니다.

✳ 오늘도 오늘, 어제도 오늘, 내일도 오늘 같은 삶을 산다는 것은 인생의 낭비지요. 어제보다는 오늘이, 오늘보다는 내일이 더 나아야 합니다. 세월은 사람을 기다려주지 않으니 10대인 지금을 열심히 하기 바랍니다.

# 많은 것을 아는 사람

가장 많은 것을 알고 있는 사람이
인생에서 가장 크게 성공한다.
_ 벤저민 디즈레일리

✱

가장 많이 안다는 것은 가장 성공할 조건을 갖추었다고 해도 과언은
아닙니다. 벤저민 디즈레일리는 이 점을 너무도 잘 알고 있는 사람이었
지요.

'아는 것이 힘이다'라는 말도 있질 않던가요. 나 역시 이 말의 중요성을
누누이 들으며 자란 세대입니다. 그런데 이 말은 아직도 유효하고 널리
쓰인다는 게 신기할 정도이지요. 이 말은 인간이 지구상에 존재하는 한
영원불멸의 말로 기록 되고 쓰여 질 것입니다.

가장 많이 알려면 어떻게 해야 할까요?

그야 당연히 많은 공부를 해야 합니다. 공부하지 않는데 절로 알아지는
것은 아무 것도 없습니다. 신문 단 한 줄이라도 읽어야 아는 체라도 할 수
있지, 그러지 않으면 아무 것도 모르는 꽉 막힌 사람이 되고 만답니다.

"어느 분야에서든 성공을 위한 최소한의 기본 조건이 있다면, 그것은 바
로 지속적인 학습이다." 이는 데니스 웨이 틀리가 한 말입니다. 그의 말의
요지는 지속적으로 학습해야 성공을 위한 최소한의 기본 조건을 갖출 수
있다는 것이지요. 즉 가장 많이 알도록 꾸준히 공부해야 성공의 조건을
갖게 된다는 말입니다.

많은 것을 배우고 익히기 바랍니다.

✱ 많으면 많을수록 좋은 게 '앎'이지요. 모르는 것을 알아가는 흥미는 매우 유쾌하고 마음을 살찌
게 하지요. 공자는 배우기에 힘쓰라고 권면하며 평생을 가르치는 일에 헌신했지요. 배움을 높
이 평가하고 귀히 여긴 까닭입니다.

# 상상력에 날개를 달아라

지식보다 더 중요한 것은 상상력이다.

_ 앨버트 아인슈타인

✿

지구상에 존재하는 문명의 이기(利器)들은 상상력이 만들어 낸 결과물입니다. 상상력은 무한한 꿈과 희망을 인간에게 부여하는 원동력이니까요. 그래서 상상력이 좋은 나라가 앞서가고, 상상력이 뛰어난 사람이 그렇지 않은 사람보다 더 나은 삶을 살아가게 되는 것입니다.

상상력이 좋은 책이 독자의 관심을 끌고, 상상력이 잘 가미된 제품이 소비자들의 호평을 받지요. 상상력은 창의력의 바탕이 되는 가장 기본적이면서도 가장 중요한 것입니다. 그래서 "상상력이 지식보다 중요하다"는 아인슈타인의 말은 깊은 공감을 줍니다. 아인슈타인이 특수상대성원리로 20세기 최고의 물리학자가 될 수 있었던 것 역시 상상력의 힘이었지요.

상상력이 그 어느 때보다도 필요한 시대입니다. 그리고 나아가서는 더욱 더 상상력을 필요로 하게 될 것입니다. 상상력이 뛰어난 사람이 각광받고, 상상력이 우수한 기업 제품이 소비자들의 사랑을 받는 시대에서, 자신이 살아남을 수 있는 길은 상상력을 키우는 것이지요.

창조적이고 생산적인 상상력은 수백 수천만 명을 먹여 살립니다. 날마다 상상력의 엔진을 가동시켜 상상력의 출력을 높이세요. 그것이 가장 확실한 성공비결이랍니다.

�✻ 현대는 상상력의 시대입니다. 거리마다 온통 상상력을 통해 나온 새로운 제품들로 가득합니다. 상상력은 세상의 모든 것을 바꾸어 놓습니다. 현대는 상상력이 뛰어난 사람이 대우를 받지요. 상상력에 날개를 달아야 합니다.

# 모르는 것은 질문하기

모르는 것을 묻지 않는 것은
쓸데없는 오만밖에 아무것도 아니다.
_ 탈무드

❋

모르면서 묻지 않는 것처럼 바보 같은 짓은 없습니다. 모르는 것은 물어서라도 악착 같이 배워야 합니다.

'알아야 면장을 한다'는 말이 있습니다. 이는 알지 못하면 면장은 커녕 그 무엇도 할 수 없음을 비유적으로 이르는 말이지요.

배움의 참된 가치는 모르는 것을 배워 새로운 가치를 찾아내는데 있습니다. 생각해보세요. 모르는 것을 알았을 때의 그 기분이 어떠한가를. 이런 경험을 한 사람은 배움의 즐거움을 잘 알 것입니다.

그런데 사람들 중엔 알지 못하면서도 자존심이나 체면 때문에 묻는 것을 소홀히 여기는 사람들이 있습니다. 이는 자신에게 매우 불리한 일이지요. 그 만큼 남에게 뒤처질 수 밖에 없으니까요.

배우는 것을 기쁨으로 즐거워하면 그만큼 지식의 깊이도 깊어집니다. 즐거움으로 배우면 그 이상의 효율적인 결과를 얻게 되기 때문입니다.

유대인들이 세계에서 가장 능력 있고 창의적인 것은 그들은 깊이 배우는 민족이기 때문이지요. 《탈무드》는 헤브라이어로 '깊이 배운다'는 뜻입니다. 깊이 배운다는 것은 많이 배우고 익힌다는 것을 의미하지요.

모르는 것을 묻지 않는 것은 쓸데없는 오만이라는 《탈무드》의 교훈을 가슴에 새겨 힘써 배우고 익히세요. 많이 아는 자가 진실로 강한 사람입니다.

❋ 모르는 것을 두고도 그냥 넘어가면 그것은 자신의 인생을 마이너스로 만드는 것이지요. 그 횟수가 많으면 많을수록 더욱 자신을 퇴보시키지요. 하지만 모르는 것을 알면 그만큼 자신의 인생을 플러스로 만들지요.

# 성공하는 사람의 특징

많은 지식을 가지고 있고 탄력성이 있고
기지가 넘치고 끈기 있는 사람이 성공한다.

_ 마빈 토케어

《탈무드》의 저자이자 유대인 랍비인 마빈 토케어.

그는 많은 지식을 쌓아야 한다고 권면합니다. 사실 많은 지식을 가진 사람이 능력도 있고 남보다 더 나은 인생의 가치를 느끼며 살지요.

영국의 사상가 프랜시스 베이컨이 '아는 것은 힘이다'라고 말했듯이 안다는 것은 힘을 기르게 하고, 남보다 나은 삶을 영위해 갈 수 있도록 도와주지요. 앎은 배움을 통해 길러지는데 배움은 포괄적 개념을 가지고 있습니다. 다양한 독서를 통해서 익히는 것도 배움이며, 가르침을 받는 것도 배움이며, 신문을 보고 잡지를 보는 것도 배움이지요.

현대는 평생교육을 실현시키는 배움의 시대입니다. 시시각각 변화하는 사회에서 살아가기 위해서는 그 변화에 따르는 지식을 보유해야 합니다. 그러지 못하면 뒤처지게 되지요. 한 번 뒤처지면 따라잡기가 그 만큼 힘들어집니다. 자신이 따라잡기 위해 노력할 때 상대는 이미 저 만치 앞서 가기 때문이지요.

성공은 누구나 이루고 싶은 꿈입니다. 성공한 인생으로 살고 싶다면 되도록 많이 배우고 익히기 바랍니다.

❀ 성공은 자신이 좋아하는 것을 함으로써 충만한 행복을 느끼는 것입니다. 돈을 많이 벌고, 높은 자리에 오르고, 명예를 높이는 것만이 성공이 아니라는 것이지요. 자신이 좋아하는 일을 끈기 있게 열심히 해서 행복하면 됩니다.

# 불치하문

누구에게든지 무엇이든지 필요한 것은
모두 다 배워 내 것으로 만든다는 적극적인 생각
진취적인 자세로 작은 경험을 확대하여
큰 현실로 만들어내는 것을 평생 주저해 본 적이 없다.
_ 정주영

✽

자신보다 나이가 적든 배움이 짧든 가리지 않고 배우는 자세를 '불치하문(不恥下問)'이라고 합니다. 이런 배움의 자세를 갖는 다는 건 배움의 가치를 잘 알기 때문입니다. 현대를 창업하고 제 1등 기업으로 키워낸 정주영 회장.

그는 가난한 살림으로 초등학교만 겨우 마쳤지만 신문을 보고, 책을 보고 많은 상식을 쌓았습니다. 또한 모르는 것은 누구에게든 물어서라도 배워 자신의 지식으로 만들었습니다. 그 결과 대학을 나온 이들은 물론 석박사 학위 소유자보다도 더 풍부한 지식을 갖게 되었지요.

정주영의 불치하문의 자세는 그에게 폭 넓은 지식을 길러주었고, 풍부한 창의력과 상상력을 갖게 하는데 큰 도움을 주었습니다.

그는 자신의 경험을 주저하지 않고 말했습니다. 그 효율적 가치를 너무도 잘 아는 까닭이었지요.

책상머리에서 배우는 지식과 온 몸으로 부딪치며 깨달은 지식의 깊이는 같을 수가 없습니다. 책상머리 지식이 이론에 의한 거라면 몸으로 부딪치며 배운 지식은 경험에서 우러난 산지식입니다. 그런 점에서 정주영은 보다 현실감 넘치는 지식을 기를 수 있었던 겁니다.

가장 이상적인 지식의 습득방법은 이론과 경험에서 습득한 지식이지요. 우리의 10대들은 열심히 배우세요. 배울 수 있는 것은 무엇이든 열심히 배우기 바랍니다.

✿ 누구에게든지 배우는 적극적인 마인드가 인생을 풍요롭게 하지요. 배움에는 나이의 많고 적음이 없고, 가르침을 주는 이의 나이가 많고 적음을 생각지 말고 배워야 합니다. 이는 배움을 원하는 자의 기본 자세랍니다.

# 지식은 앎의 근본이다

모르는 것은 반드시 알고 넘어가라.
무엇을 안다는 것은
새로운 변화를 위해 반드시 필요하다.
지식은 앎의 근본이다.
_ 김옥림

✿

모르는 것을 묻고 싶어도 못 묻는 경우가 종종 있습니다. 모르는 것을 묻는 것은 부끄러운 일이 아닌데도 공연히 질문했다가 아는 게 없는 무식한 사람이라는 책이라도 잡히지 않을까하여 주저하는 것이지요.

배움의 가치를 아는 사람은 그런 것 따위엔 귀 기울이지이 않습니다. 모르는 것은 물어서라도 아는 것이 중요할 뿐이라고 여깁니다.

'지식은 앎의 근본이다'라는 말이 있습니다. 이는 지식은 모르는 것을 알게 하는 가장 근원적인 것으로써 반드시 취해야 한다는 말이지요.

알지 못해 하고 싶은 것을 못하는 처지라면, 얼마나 답답하고 가슴 아픈 일일까요. 그런 경우에 맞닥뜨리지 말라는 법은 없습니다. 그 대상은 내가 될 수도 있고 다른 사람이 될 수도 있습니다.

시시각각 변화하는 초스피드 시대인 현대 사회에서 가장 필요한 것은, 새로운 변화에 적응할 수 있고 그 변화를 이끌고 갈 수 있는 지식을 습득하는 것입니다. 지식의 가벼움으로 자신의 귀한 인생이 위축되지 않게 해야 합니다.

우리의 10대들을 이를 마음에 새겨 꼭 실천하기 바랍니다.

✿ 아는 것이 있어야 면장을 하지, 라는 말이 있지요. 이는 알아야 한다는 것을 풍자적으로 한 말입니다. 안다는 것은 참 좋은 것입니다. 몰라서 답답한 마음도, 부족한 마음도 '앎'을 통해 얼마든지 채워질 수 있으니까요.

# 마음을 새롭게 하는,
# 참 좋은 말 38

# 참 좋은 말 01

고정관념은 변화의 적이다.


지금보다

더 나은 인생을 위한다면,


고정관념을 마음속에서 날려버려라.

# 참 좋은 말 02

새로운

자신의 모습을 항상 생각하라.


그러면

어떤 어려움도

고통도 견디어 낼 수 있다.

# 참 좋은 말 03

넘어지는 것을 두려워하지 마라.

당신이 지금 잘 걷는 것은

걸음마를 배울 때 많이 넘어져 봤기 때문이다.

당신이 진정 보다 나은 삶을 원한다면

장애물을 두려워하지 말고 넘어가라.

# 참 좋은 말 04

잘못된 것은 즉시 시정하라.

곪은 것을 그대로두면

상처부위를 도려내야 하듯이

당신의 인생을 그릇되게 할 수 있다.

# 참 좋은 말 05

자신을 철저하게 관리하라.

자신에게 지는 자는

그 어떤 성공도 기대하지 마라.

성공한 자들은

하나같이 자신을 이긴 사람들이다.

어떤 상황에서도 자신을 이기는 자가 되라.

# 참 좋은 말 06

성공을 방해하는

세 가지 나쁜 마인드는

첫째는 매사에 부정적인 생각을 하는 것,

둘째는 게으름과 나태함이며,

셋째는 대충 넘어가는 무사안일이다.

# 참 좋은 말 07

오늘 일은 반드시 오늘 끝내라.

하루를 미루면 이틀이 되고,

사흘이 되고, 나흘이 되고,

한 달이 되고, 일 년이 되고, 십년이 되고,

끝내는 영원히 못하게 된다.

# 참 좋은 말 08

모험을 두려워하지 마라.

새로운 미래, 새로운 발상,

새로운 발전을 위해 상상하라.

하지만 모험을 두려워하면

그 어떤 결과도 얻지 못한다.

# 참 좋은 말 09

열정형 인간이 되라.

열정은 불가능을 가능하게 한다.

열정을 믿어라.

열정이 사라지지 않도록 꿈을 잃지 마라.

# 참 좋은 말 10

✻

내 인생의 멘토를 정하라.

한 사람의

훌륭한 멘토가 훌륭한 인생을 만든다.

훌륭한 멘토는 지혜와 경험을

제공함으로써 공적인 삶을 이루는 데 있어

결정적인 역할을 한다.

# 참 좋은 말 11

실천하지 않으면


아

무

런


결과도 얻을 수 없다.

# 참 좋은 말 12

신념은

곧

자신에 대한 믿음이다.

# 참 좋은 말 13

걱정이란 못된 짐승이

나를 구속하지 않도록 틈을 주지 마라.

걱정이란 짐승은

한 치의 겨를도 없이 마음에서

멀리 날려버려라.

# 참 좋은 말 14

무너진 강둑은

다시 쌓으면 되지만,

한 번 깨진 신뢰를 다시 쌓기란

태산을 오르는 것처럼 힘들다.

# 참 좋은 말 15

경쟁에서 밀리면

결과는 실패라는 붉은 딱지를

남기게 될 것이다.

피해갈 수 없는 경쟁이라면

과감하게 맞서 목숨 걸고 싸워 이겨라.

# 참 좋은 말 16

경쟁에서 스트레스를 받기보단

오히려 경쟁을 즐기는 편을 택하라.

즐기는 경쟁에 익숙해지면 경쟁은

흥미로운 게임처럼 여겨지게 될 것이다.

# 참 좋은 말 17

새로운 변화에는

늘 두려움과 걱정이 따른다.

이는 새로운 것에 대한

실패를 염려하기 때문이다.

새로운 변화를 원한다면

두려움의 사슬에서 벗어나야 한다.

# 참 좋은 말 18

지금의 자리에 안주하는 것은

더 나은 내일을 포기하는 것과 같다.

이상을 품고 새로운 변화를 꿈꿔라.

변화하는 자만이

더 나은 이상을 실현 시킬 수 있다.

# 참 좋은 말 19

'성공의 열쇠'는

쉽게 손에 넣을 수 없는 보석상자다.

성공의 열쇠를 손에

쥐기 위해서는 남이 망설일 때 먼저 실행하라.

쉽게 손에 쥘 수 있는

성공의 열쇠는 그 어디에도 없다.

# 참 좋은 말 20

강물은 거꾸로 흐르지 않듯이

모든 이치는 순리대로 흘러간다.

순리를 거 스리는 것은

무질서며 그 결과는 곧 실패를 가져온다.

# 참 좋은 말 21

정직은 언제나 옳다.

정직은 죽지 않는다.

그래서 정직은 영원으로 남는다.

정직!

정직은 모든 것의 최선이다.

# 참 좋은 말 22

창조적이고

진취적인 인간형이 되라.

능동적이고 열정적인 인간형이 될 때

그 어떤 일도

성공적으로 이끌어 낼 수 있다.

# 참 좋은 말 23

자신을

성공적인 인간형 모드로

전환시켜라.

어떤 일을 하다 중도에서 포기한다면

그것처럼 어리석은 일은 없다.

자신이 어리석은

인간형 모드에 갇히지 않으려면

확고한 신념으로 꾸준하게 실천하라.

# 참 좋은 말 24

자신의 능력에 맞는

목표를 정하라.

사람은 누구나 그 사람만의

특기와 장점이 있다.

그 특기와 장점을 최선의 노력으로 활용하라.

그리고 꾸준히 실천하라.

# 참 좋은 말 25

현실을 직시하는 눈을 길러라.

무슨 일을 하든지 현실을 정확하게

판단하는 눈이 밝아야 자신이 하는 일을

성공적으로 이끌어낼 수 있다.

많은 독서를 하고 신문과 뉴스 보는 것을 즐겨라.

세상을 보는 상식의 깊이가

현실을 직시하는 눈을 길러준다.

# 참 좋은 말 26

시간 관리에 능통한 사람이 되라.

똑똑한 사람은

자신에게 주어진 1시간을

2시간 3시간으로 값지게 쓰지만

어리석은 자는

단 1분의 가치도 없게 시간을 허비한다.

# 참 좋은 말 27

꿈이 있는 삶은 가난해도 행복하다.

그러나 꿈이 없는 삶은

돈이 많아도 행복하지 않다.

꿈은 돈이 줄 수 없는 절대적인

인생의 가치를 지녀

사람들을 행복하게 만드는 것이다.

# 참 좋은 말 28

집중력이 성패를 결정한다.

집중력을 키워야 한다는 것은

누구나 알고 있지만 그것을 실천으로

옮기는 데는 매우 약하다.

끈기와 인내심이 부족하기 때문이다.

아무리 생각이나 취지가 좋아도

실천하지 않으면 아무 소용이 없다.

# 참 좋은 말 29

❀

항상 인생을 낙관적으로 생각하라.

낙관적인생각은 사람을

능동적이고 긍정적으로 만든다.

그래서 시련이 파도처럼 밀려오고

고통이 산처럼 높이 쌓여도

쓰러지는 법이 없다.

오히려 그것을 교훈삼아 새로운 길을

모색하는 지혜를 발휘하게 되는 것이다.

# 참 좋은 말 30

자신의 미래를 내다보는 눈을 길러라.

자신의 미래를 내다 볼 수 있는

눈을 기르기 위해서는 많은 책을 읽어라.

책속엔 수많은 길이 있고 지혜의 숨결이 담겨있다.

책의 숲길에서 지혜와 정보와

새로운 아이디어를 찾아 자신의 미래를

철저하게 세우고 성공의 길로 나아가라.

# 참 좋은 말 31

자신만의 주체성을 길러라.
주체성이 있는 사람과 그렇지 않은 사람은
현격한 차이를 보이기 때문인데
주체성이 있는 사람은 자기 주관이 분명하다.
주체성이 있는 사람은 자신만의 색깔을 갖고 있다.
남의 것을 따라 하거나 억지로 흉내 내지 않는다.
남에게는 없는 자신만의 것,
이를 개성이라고 하는데
현대사회는 개성이 뚜렷한 사람을
필요로 하는 시대이다.

# 참 좋은 말 32

무엇을 하든지 즐거운 마음으로 하라.

즐거운 마음으로 하면 마음에 부담이 없고,

마치 즐거운 게임을 하는 것처럼 생각된다.

그래서 즐거운 마음으로 하면

예상했던 것보다

훨씬 좋은 결과를 얻을 수 있는 것이다.

# 참 좋은 말 33

개척자 정신을 길러라.

개척자 정신은 창조적 에너지의 원천이며

불굴의 의지와 신념의 근원이다.

개척자 정신을 마음에 품고 무장하라.

# 참 좋은 말 34

항상

아름다운 것을 바라보라.

아름다운 것을 바라보는 만큼

인생은

그만큼 더 행복해질 것이다.

# 참 좋은 말 35

희망이 찾아오길

앉아서 기다리지 말고,

희망이 찾아오도록 준비하라.

희망도 자신을 맞을

준비를 하는 자를 좋아한다.

희망도 노력에서

온다는 것을 잊지 마라.

# 참 좋은 말 36

원칙에 따라 살면

잘 못 될 일이 없다.

원칙은 삶을 바르게 인도하는

길잡이와 같기 때문이다.

잘되고 싶다면

원칙이 있는 삶을 따르도록 하라.

# 참 좋은 말 37

누군가를 기쁘게 하면

자신은 더 큰 기쁨을 얻게 된다.

같은 말도 더 다정하게 하고,

더 따뜻하게 하고,

더 희망적이게 하라.

누군가를 기쁘게 한다는 것은

스스로를 축복하는 일이다.

# 참 좋은 말 38

사람에게 가장 큰

영향을 끼치는 존재는 사람이다.

그런 까닭에

누구와 함께 하느냐는 것은

매우 중요하다.

누구와 함께 하느냐에 따라

그 사람의 인생이 결정되기 때문이다.